192개 코드
817개 코드폼 수록!

우쿨렐레 코드북

score

머리말

우쿨렐레 코드북에는 12가지 조성에서 16가지 종류, 총 192개의 우쿨렐레 코드 다이어그램을 담았습니다. 또한, 하나의 코드마다 지판 전체에 걸쳐 잡을 수 있는 4~5가지의 코드폼을 다루고 있어 총 817개의 코드폼이 제시되어 있습니다.

이것이 우쿨렐레의 모든 코드는 아니지만, 초급/중급 수준에서 필요한 모든 코드와 가요/팝 반주와 연주에 사용되는 대부분의 코드를 다루고 있다고 할 수 있습니다.

각 코드표마다 손가락 번호를 표기했습니다. 하지만 같은 모양의 코드라도 개인마다 잡는 방법은 조금씩 다를 수 있습니다. 책에서 제시된 손가락 번호는 기본적인 답안이지만, 개인의 손 크기, 손 모양에 따라서 각자가 편한 방법을 생각해 보아도 괜찮습니다.

코드표에 앞서 〈코드가 만들어지는 원리〉 부분에서는 책에 수록된 16종류 코드들이 이루어지는 원리를 담아놓았습니다. 해당 부분을 틈틈이 참고한다면, 스스로 여러 모양의 코드를 만들어 볼 수도 있을 것입니다.

우쿨렐레 코드북은 작고 가볍습니다. 우쿨렐레 가방의 앞주머니에 넣고 다니다 보면, 우쿨렐레를 배우고 더욱 친해지는데 도움을 주는 좋은 친구가 될 것입니다.
그럼, 즐겁게 우쿨렐레를 즐겨봅시다!

Introduction

우쿨렐레 손가락 번호
코드표 보는 방법
코드북의 구성

01 우쿨렐레 손가락 번호

우쿨렐레 연주에서 왼손 손가락에는 편의상 번호를 붙여 이야기 합니다. 오른손은 해당되지 않습니다.

검지 – ❶번 손가락　　　**중지** – ❷번 손가락

약지 – ❸번 손가락　　　**소지** – ❹번 손가락

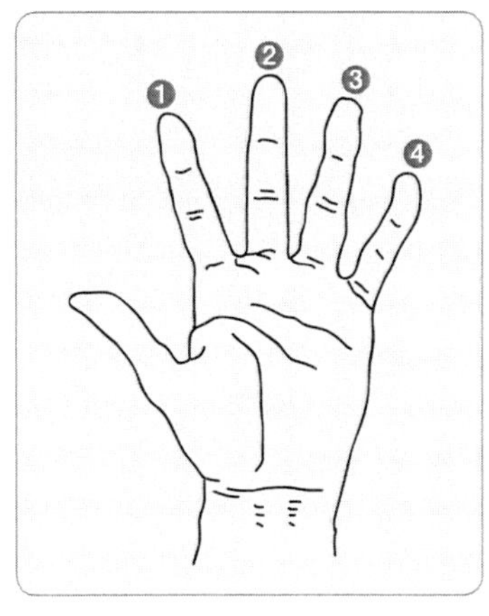

02 코드표 보는 방법

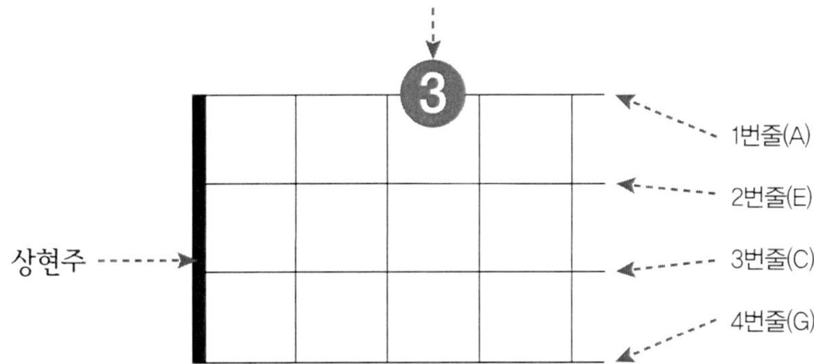

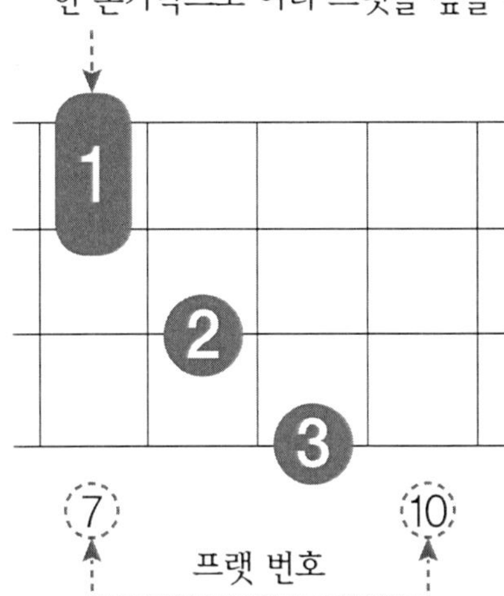

코드 표기

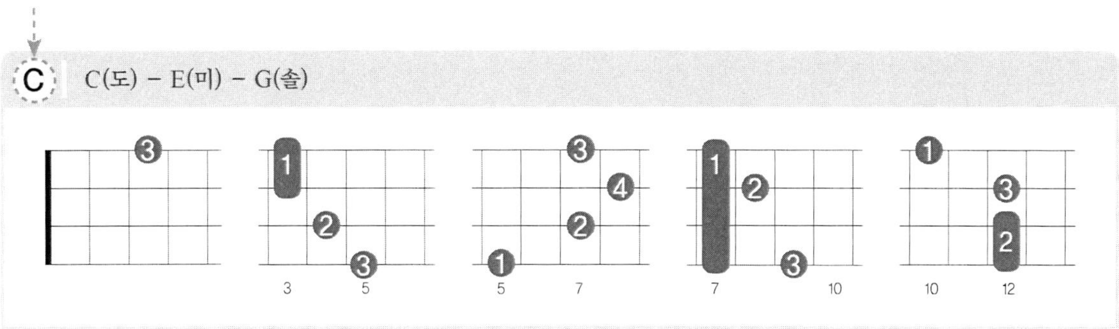

해당 코드의 구성음

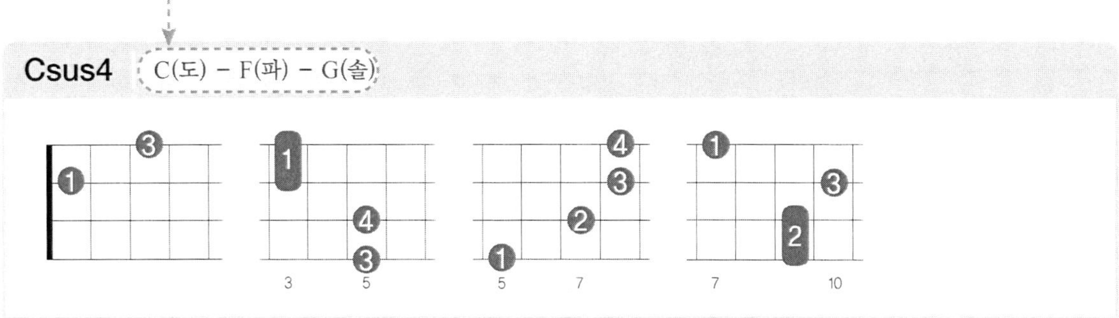

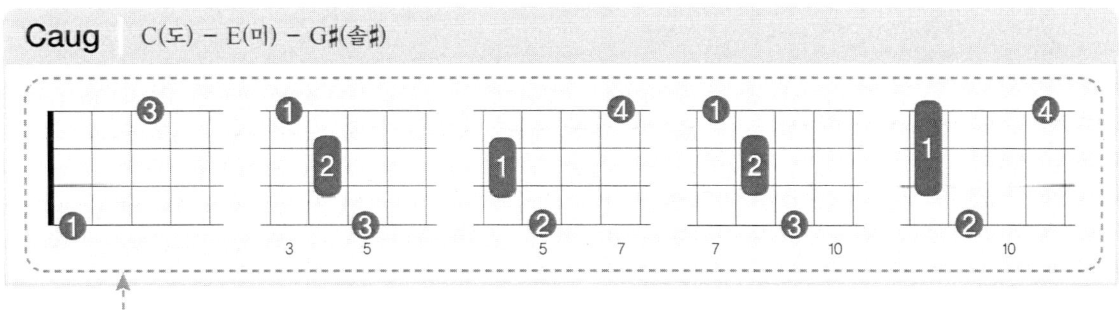

지판에서 위치에 따른 코드 모양

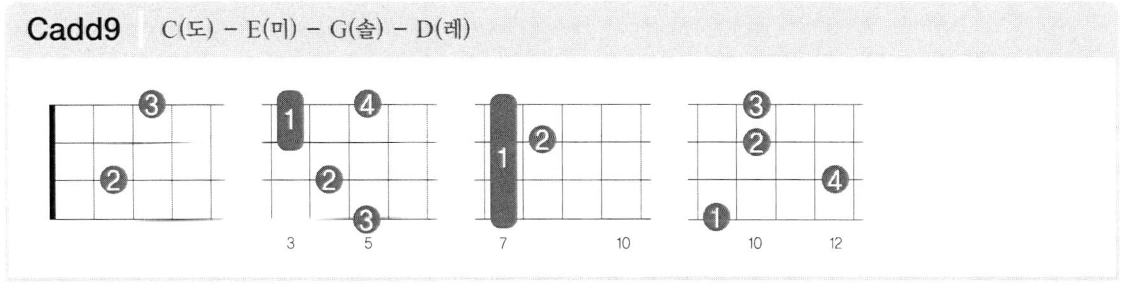

코드가
만들어지는 원리

❶ 메이저 코드(Major Chord)

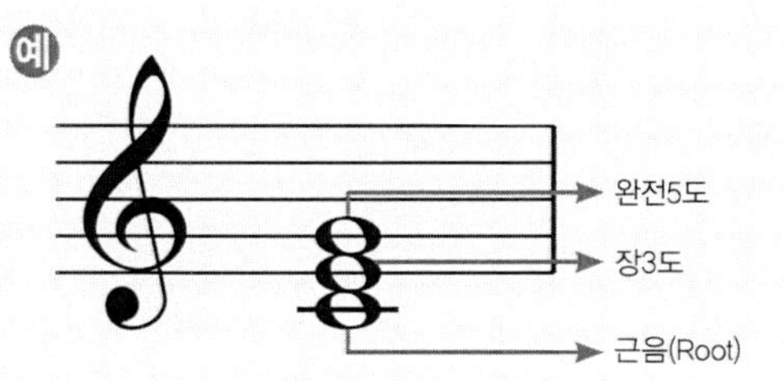

메이저 코드는 근음(Root), 장3도, 완전5도의 세 음으로 구성되는 코드입니다.

예의 코드는 근음이 C 음인 C 메이저 코드이며, 표기는 'C'로 하고 읽을 때는 '씨 코드'라고 읽습니다.

❷ 서스펜디드 포스 코드(Suspended 4th Chord)

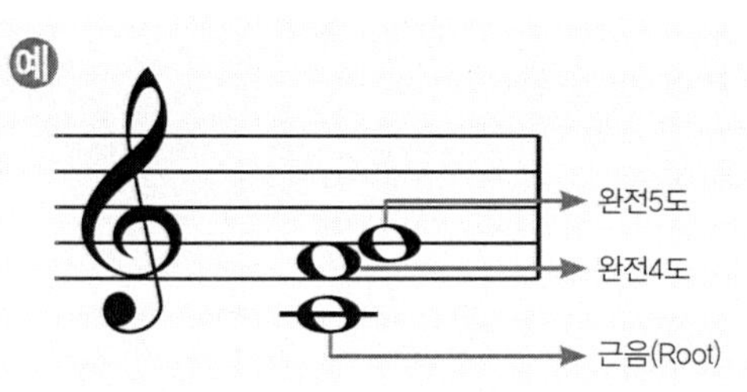

서스펜디드 포스 코드는 근음(Root), 완전4도, 완전5도의 세 음으로 구성되는 코드입니다. 메이저 코드에서 장3도를 반음 올려 완전4도로 변화시켰습니다.

예의 코드는 근음이 C 음인 C 서스펜디드 포스 코드이며, 표기는 'Csus4'라고 하고 읽을 때는 '씨 서스포 코드'라고 읽습니다.

❸ 오그멘티드 코드(Augmented Chord)

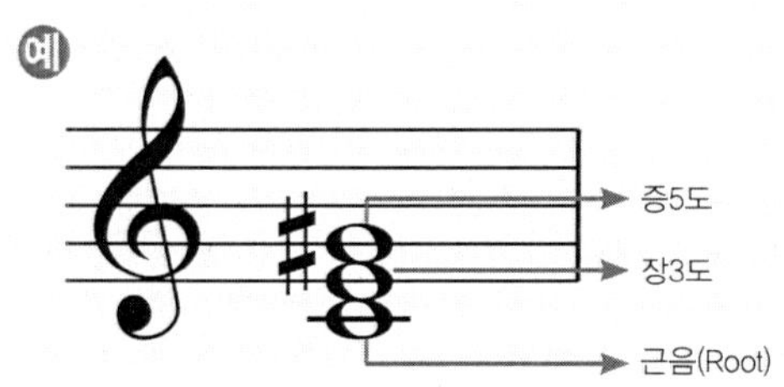

오그멘티드 코드는 근음(Root), 장3도, 증5도의 세 음으로 구성되는 코드입니다. 메이저 코드에서 완전5도를 반음 올려 증5도로 변화시켰습니다.

예의 코드는 근음이 C 음인 C 오그멘티드 코드이며, 표기는 'Caug'라고 하고 읽을 때는 '씨 오그멘트 코드'라고 읽습니다.

❹ 메이저 애드 나인스 코드(Major Add 9th Chord)

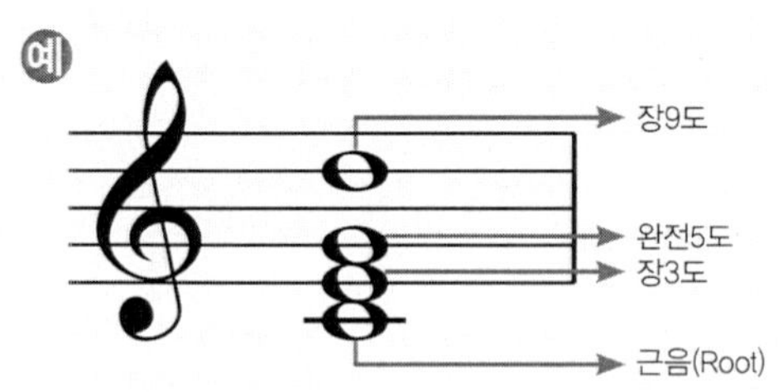

메이저 애드 나인스 코드는 근음(Root), 장3도, 완전5도, 장9도의 네 음으로 구성되는 코드입니다. 메이저 코드에서 가장 높은 음에 장9도를 더했습니다.

예의 코드는 근음이 C 음인 C 메이저 애드 나인스 코드이며, 표기는 'Cadd9'으로 하고 읽을 때는 '씨 애드 나인 코드'라고 읽습니다.

❺ 마이너 코드(Minor Chord)

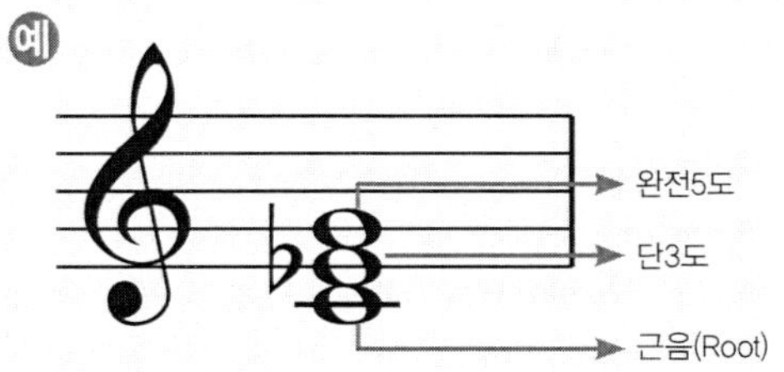

마이너 코드는 근음(Root), 단3도, 완전5도의 세 음으로 구성되는 코드입니다. 메이저 코드에서 장3도를 반음 내려 단3도로 변화시켰습니다.

예의 코드는 근음이 C 음인 C 마이너 코드이며, 표기는 'Cm'라고 하고 읽을 때는 '씨 마이너 코드'라고 읽습니다.

❻ 메이저 식스스 코드(Major 6th Chord)

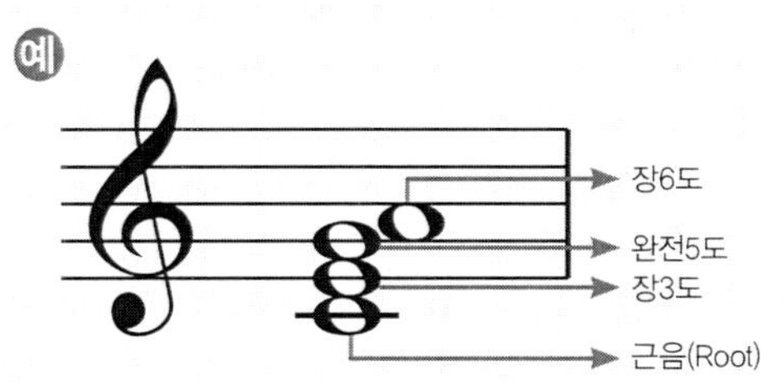

메이저 식스스 코드는 근음(Root), 장3도, 완전5도, 장6도의 네 음으로 구성되는 코드입니다. 메이저 코드에서 장6도를 더했습니다.

예의 코드는 근음이 C 음인 C 메이저 식스스 코드이며, 표기는 'C6'라고 하고 읽을 때는 '씨 식스 코드'라고 읽습니다.

❼ 마이너 식스스 코드(Minor 6th Chord)

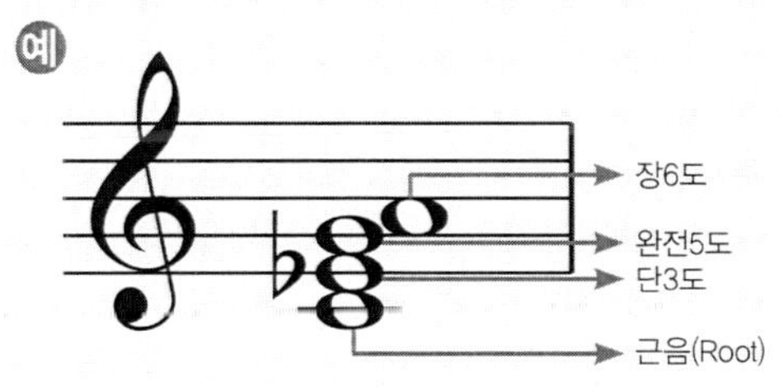

마이너 식스스 코드는 근음(Root), 단3도, 완전5도, 장6도의 네 음으로 구성되는 코드입니다. 마이너 코드에서 장6도를 더했습니다.

예의 코드는 근음이 C 음인 C 마이너 식스스 코드이며, 표기는 'Cm6'라고 하고 읽을 때는 '씨 마이니 식스 코드'라고 읽습니다.

❽ 도미넌트 세븐스 코드(Dominant 7th Chord)

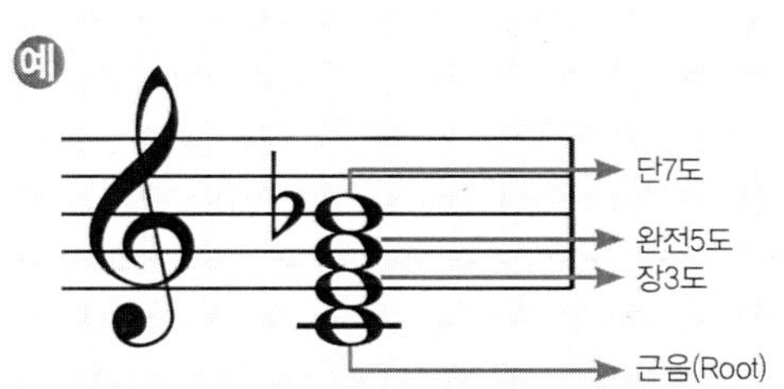

도미넌트 세븐스 코드는 근음(Root), 장3도, 완전5도, 단7도의 네 음으로 구성되는 코드입니다. 메이저 코드에서 단7도를 더 했습니다.

예의 코드는 근음이 C 음인 C 도미넌트 세븐스 코드이며, 'C7'이라고 하고 읽을 때는 '씨 세븐 코드'라고 읽습니다.

❾ 도미넌트 세븐스 서스펜디드 포스 코드(Dominant 7th suspended 4th Chord)

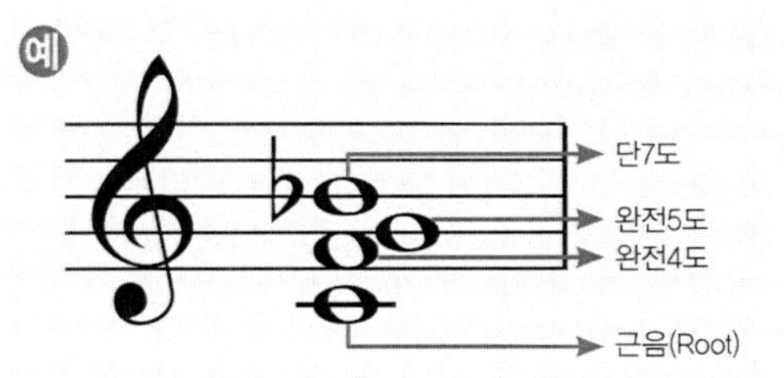

도미넌트 세븐스 서스펜디드 포스 코드는 근음(Root), 완전4도, 완전5도, 단7도 네 음으로 구성되는 코드입니다 도미넌트 세븐스 코드에서 장3도를 반음 올려 완전4도음으로 변화시켰습니다.

예의 코드는 근음이 C 음인 C 도미넌트 세븐스 서스펜디드 포스 코드이며 표기는 'C7sus4'라고 하고 읽을 때는 '씨 세븐 서스포 코드'라고 읽습니다.

❿ 도미넌트 세븐스 플랫 파이브스 코드(Dominant 7th b5th Chord)

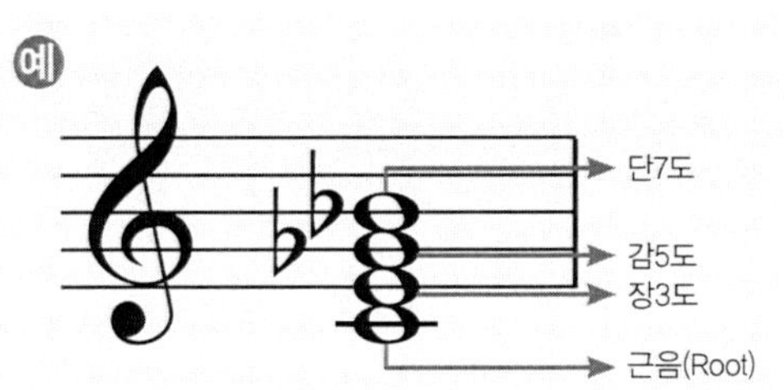

도미넌트 세븐스 플랫 파이브스 코드는 근음(Root), 장3도, 감5도, 단7도의 네 음으로 구성되는 코드입니다. 도미넌트 세븐스 코드에서 완전5도를 반음 내려 감5도로 변화시켰습니다.

예의 코드는 근음이 C 음인 C 도미넌트 세븐스 플랫 파이브스 코드이며, 표기는 'C7$^{(b5)}$'라고 하고 읽을 때는 '씨 세븐 플랫 파이브 코드'라고 읽습니다.

⓫ 도미넌트 세븐스 샵 파이브스 코드(Dominant 7th #5th Chord)

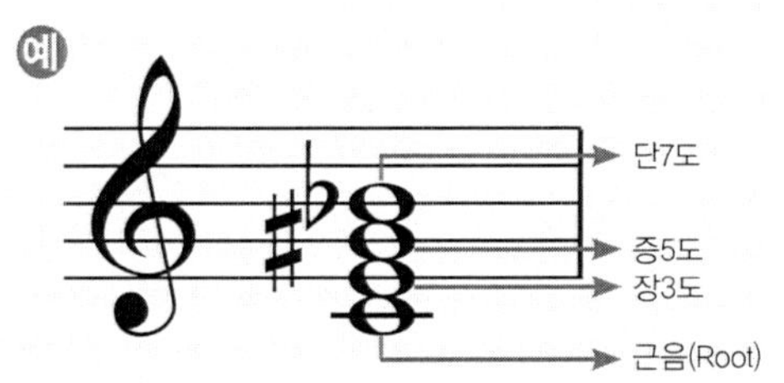

도미넌트 세븐스 샵 파이브스 코드는 근음(Root), 장3도, 증5도, 단7도의 네 음으로 구성되는 코드입니다. 도미넌트 세븐스 코드에서 완전5도를 반음 올려 증5도로 변화시켰습니다.

예의 코드는 근음이 C 음인 C 도미넌트 세븐스 샵 파이브스 코드이며, 표기는 'C7$^{(#5)}$'라고 하고 읽을 때는 '씨 세븐 샵 파이브 코드'라고 읽습니다.

⓬ 마이너 세븐스 코드(Minor 7th Chord)

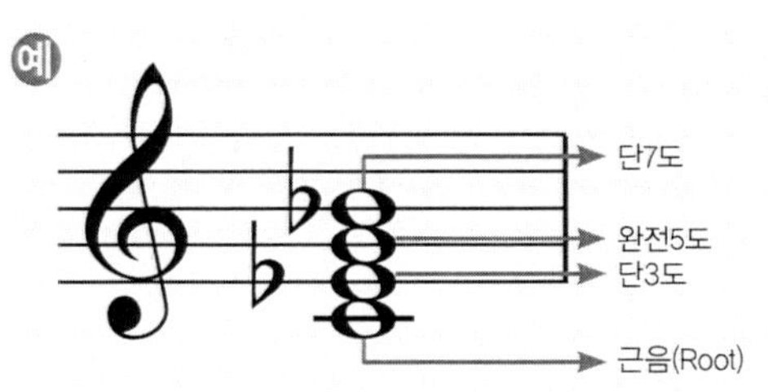

마이너 세븐스 코드는 근음(Root), 단3도, 완전5도, 단7도의 네 음으로 구성되는 코드입니다. 마이너 코드에서 단7도를 더했습니다.

예의 코드는 근음이 C 음인 C 마이너 세븐스 코드이며, 표기는 'Cm7'이라고 하고 읽을 때는 '씨 마이너 세븐 코드'라고 읽습니다.

⑬ 마이너 세븐스 플랫 파이브스 코드(Minor 7th b5th Chord)

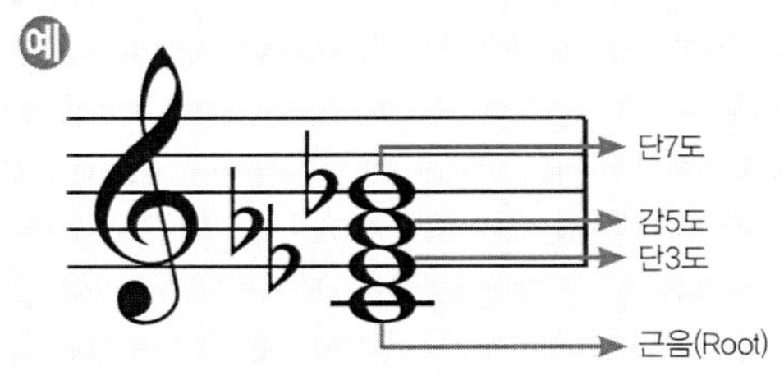

마이너 세븐스 플랫 파이브스 코드는 근음(Root), 단3도, 감5도, 단7도의 네 음으로 구성되는 코드입니다. 마이너 세븐스 코드에서 완전5도를 반음 내려 감5도로 변화시켰습니다.

예의 코드는 근음이 C 음인 C 마이너 세븐스 플랫 파이브스 코드이며, 표기는 'Cm7⁽ᵇ⁵⁾'라고 하고 읽을 때는 '씨 마이너 세븐 플랫 파이브 코드'라고 읽습니다.

⑭ 메이저 세븐스 코드(Major 7th Chord)

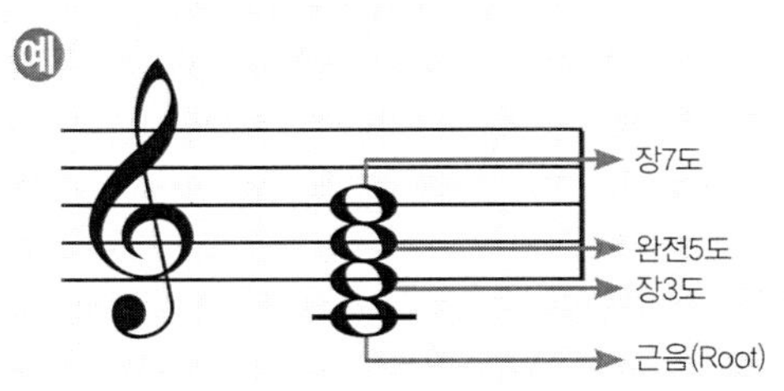

메이저 세븐스 코드는 근음(Root), 장3도, 완전5도, 장7도의 네 음으로 구성되는 코드입니다. 메이저 코드에서 장7도를 더했습니다 .

예의 코드는 근음이 C 음인 C 메이저 세븐스 코드이며, 표 기는 'CM7'이라고 하고 읽을 때는 '씨 메이저 세븐 코드'라고 읽습니다.

⑮ 마이너 메이저 세븐스 코드(Minor Major 7th Chord)

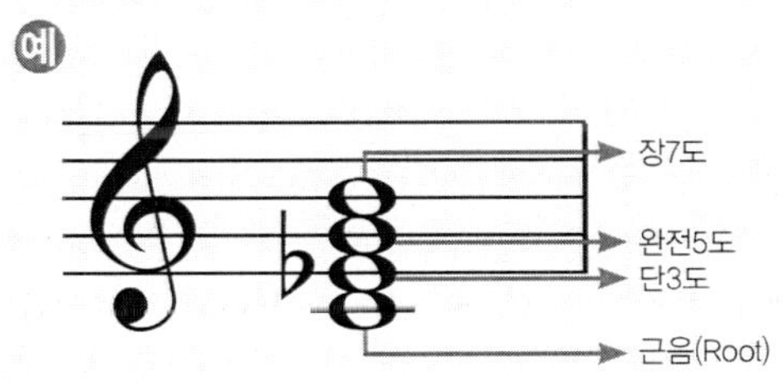

마이너 메이저 세븐스 코드는 근음(Root), 단3도, 완전5도, 장7도의 네 음으로 구성되는 코드입니다. 마이너 코드에서 장7도를 더했습니다.

예의 코드는 근음이 C 음인 C 마이너 메이저 세븐스 코드이며, 표기는 'CmM7'이라고 히고 읽을 때는 '씨 마이너 메이저세븐 코드'라고 읽습니다.

⑯ 디미니쉬 세븐스 코드(Diminish 7th Chord)

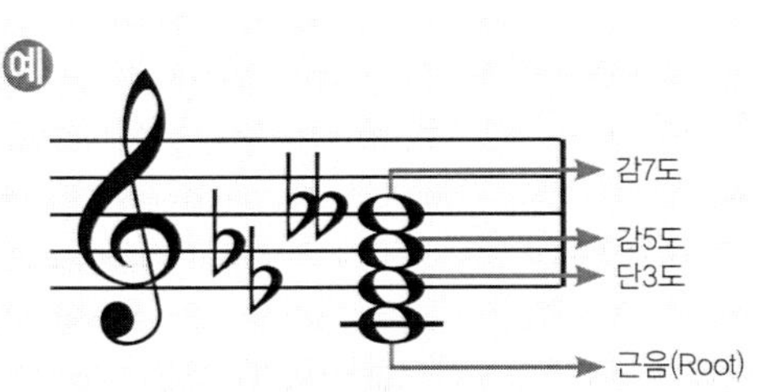

디미니쉬 세븐스 코드는 근음(Root), 단3도, 감5도, 감7도의 네음으로 구성되는 코드입니다. 마이너 세븐스 플랫 파이브스 코드에서 단7도를 반음 내려 감7도로 변화시켰습니다.

예의 코드는 근음이 C 음인 C 디미니쉬 세븐스 코드이며, 표기는 'Cdim7'이라고 하고 읽을 때는 '씨 디미니쉬 세븐 코드'라고 읽습니다.

코드
Gm
A7
Fm7
Bb
A

C   C(도) – E(미) – G(솔)

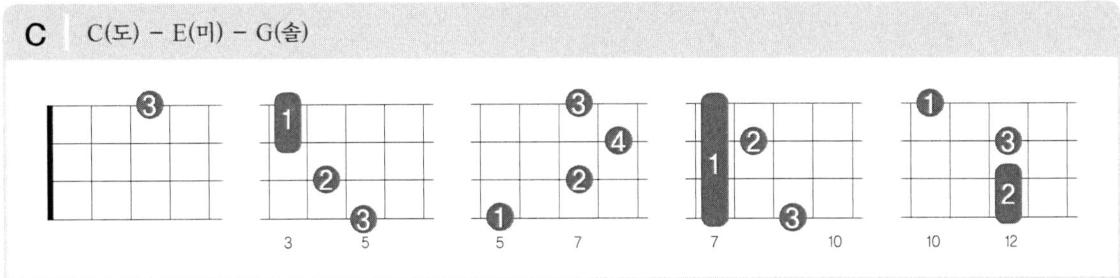

Csus4   C(도) – F(파) – G(솔)

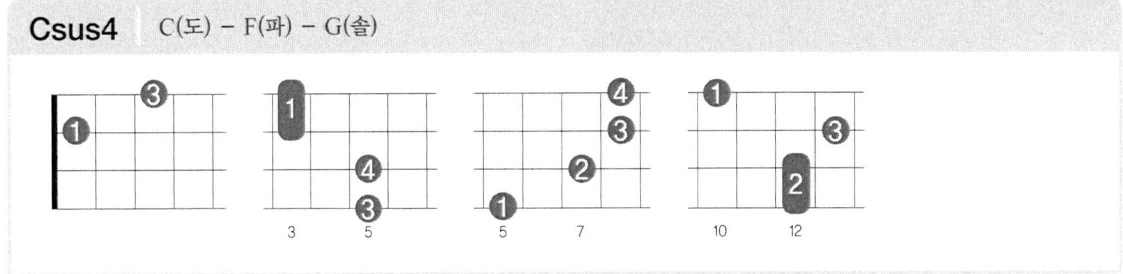

Caug   C(도) – E(미) – G#(솔#)

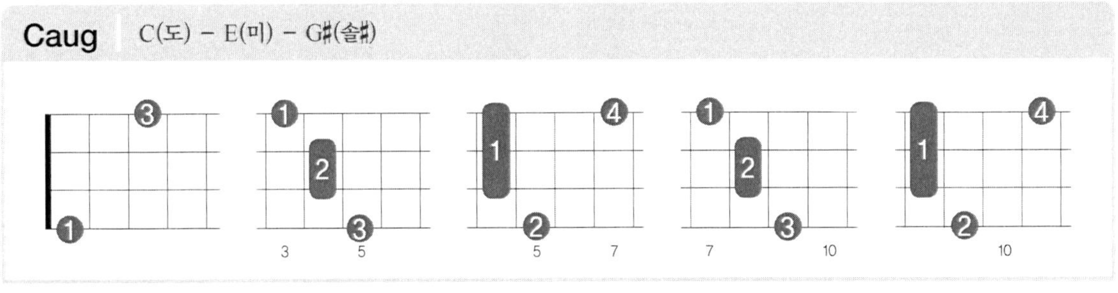

Cadd9   C(도) – E(미) – G(솔) – D(레)

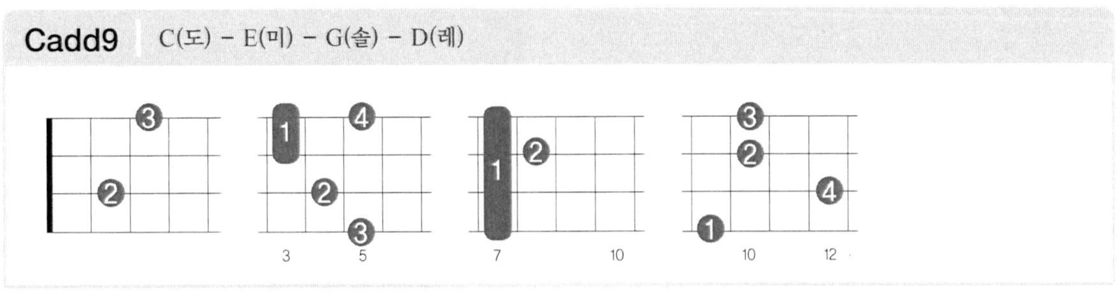

Cm   C(도) – E♭(미♭) – G(솔)

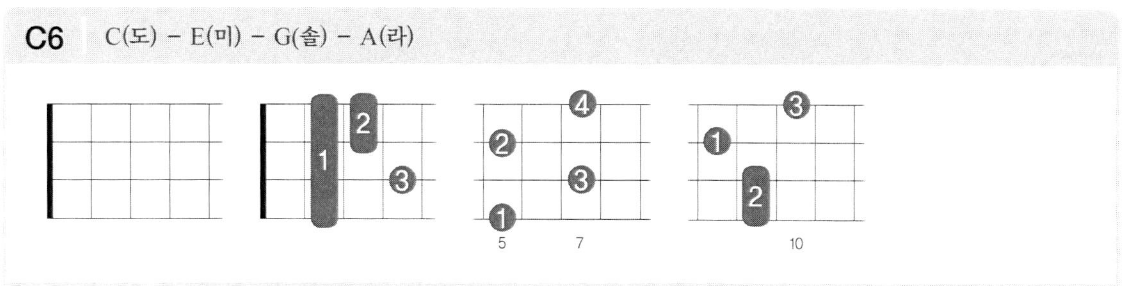

C6   C(도) – E(미) – G(솔) – A(라)

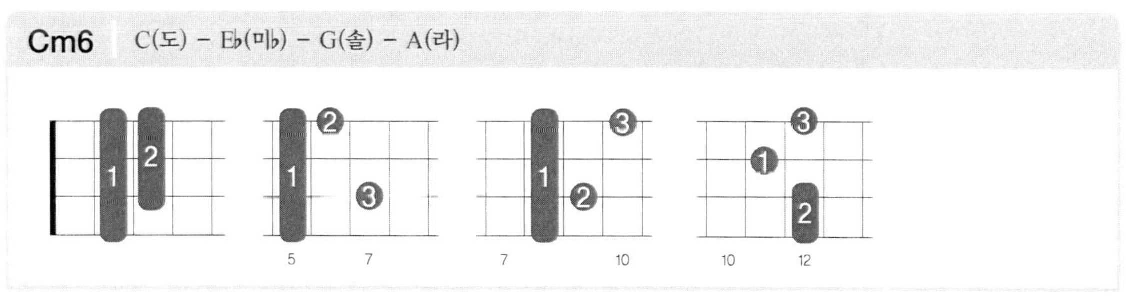

Cm6   C(도) – E♭(미♭) – G(솔) – A(라)

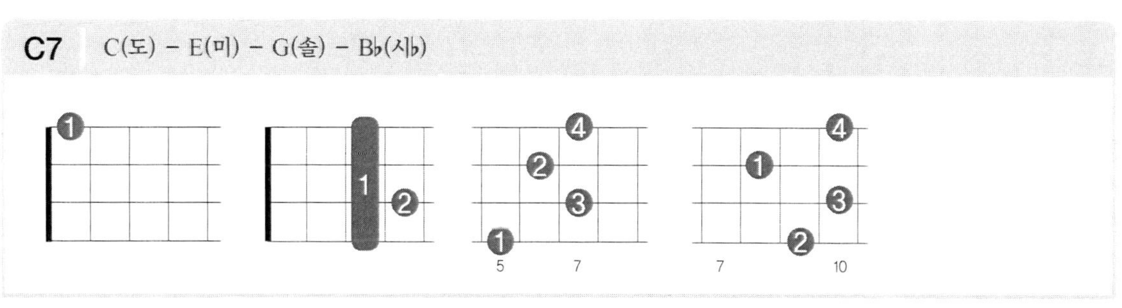

C7   C(도) – E(미) – G(솔) – B♭(시♭)

C7sus4 — C(도) – F(파) – G(솔) – B♭(시♭)

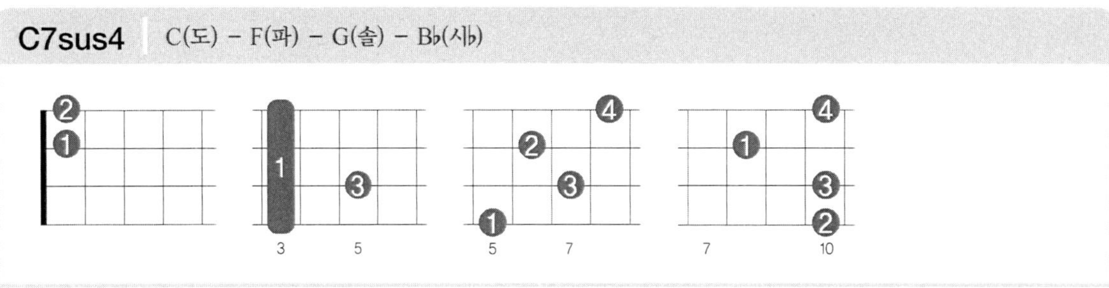

C7^(♭5) — C(도) – E(미) – G♭(솔♭) – B♭(시♭)

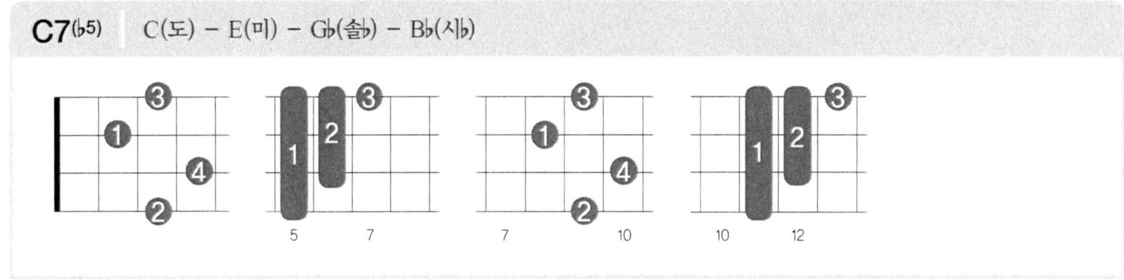

C7^(♯5) — C(도) – E(미) – G♯(솔♯) – B♭(시♭)

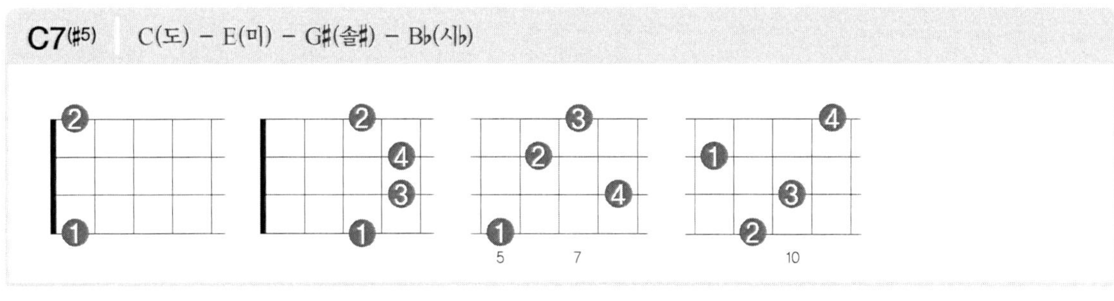

Cm7 — C(도) – E♭(미♭) – G(솔) – B♭(시♭)

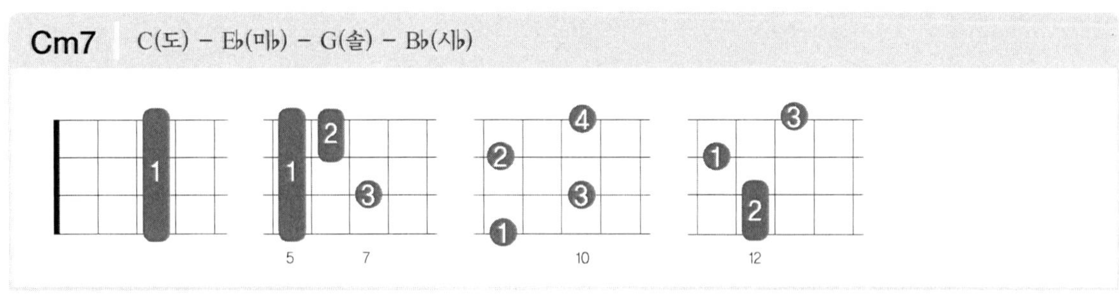

Cm7(♭5) ｜ C(도) − E♭(미♭) − G♭(솔♭) − B♭(시♭)

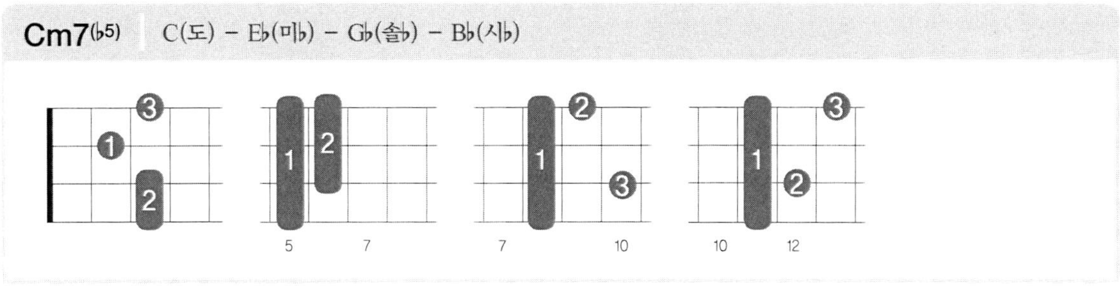

CM7 ｜ C(도) − E(미) − G(솔) − B(시)

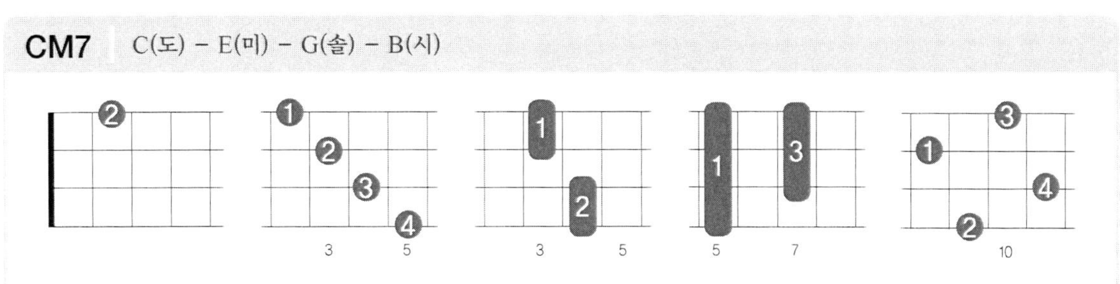

CmM7 ｜ C(도) − E♭(미♭) − G(솔) − B(시)

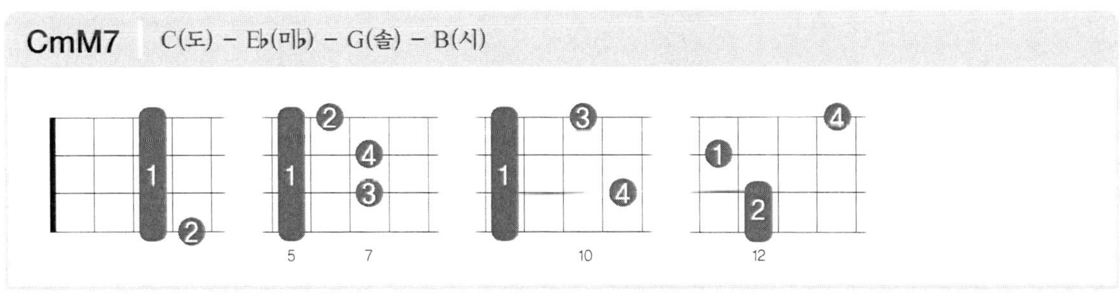

Cdim7 ｜ C(도) − E♭(미♭) − G♭(솔♭) − B♭♭(시♭♭)

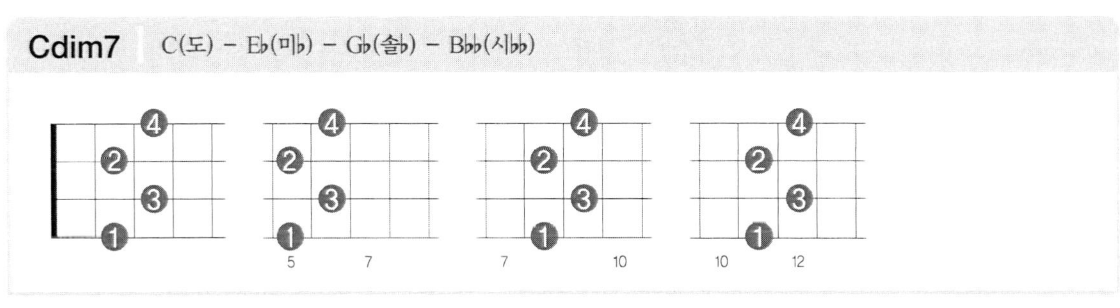

C# / D♭   C#(도#) – E#(미#) – G#(솔#) / D♭(레♭) – F(파) – A♭(라♭)

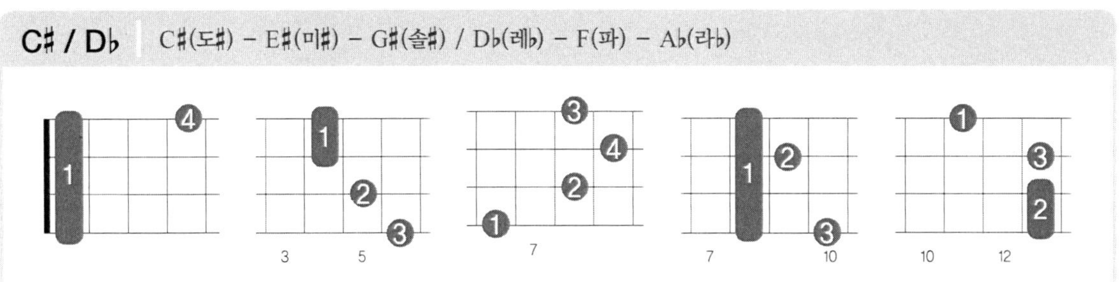

C#sus4 / D♭sus4   C#(도#) – F#(파#) – G#(솔#) / D♭(레♭) – G♭(솔♭) – A♭(라♭)

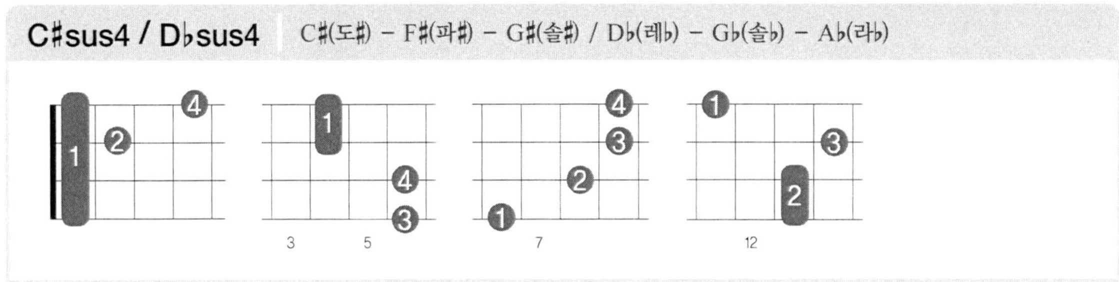

C#aug / D♭aug   C#(도#) – E#(미#) – G✕(솔✕) / D♭(레♭) – F(파) – A(라)

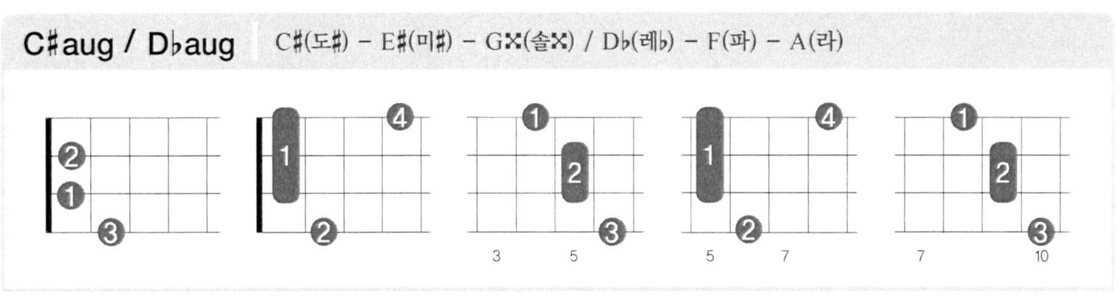

C#add9 / D♭add9   C#(도#) – E#(미#) – G#(솔#) – D#(레#) / D♭(레♭) – F(파) – A♭(라♭) – E♭(미♭)

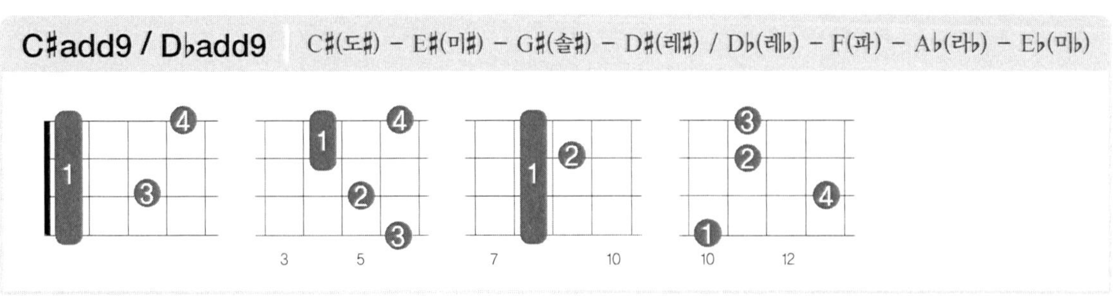

C#m / D♭m
C#(도#) – E(미) – G#(솔#) / D♭(레♭) – F♭(파♭) – A♭(라♭)

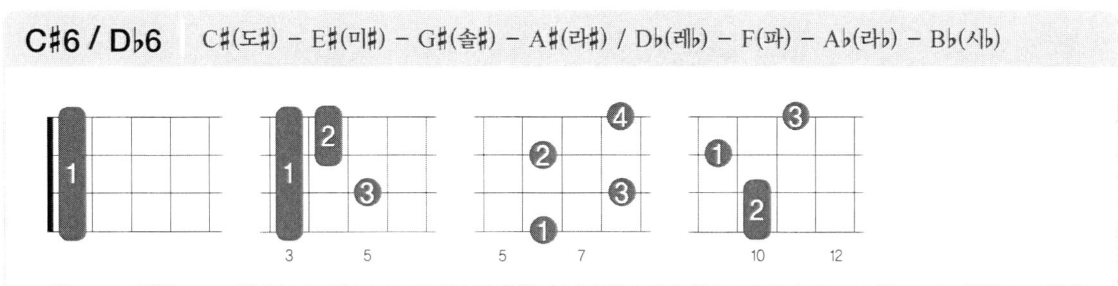

C#6 / D♭6
C#(도#) – E#(미#) – G#(솔#) – A#(라#) / D♭(레♭) – F(파) – A♭(라♭) – B♭(시♭)

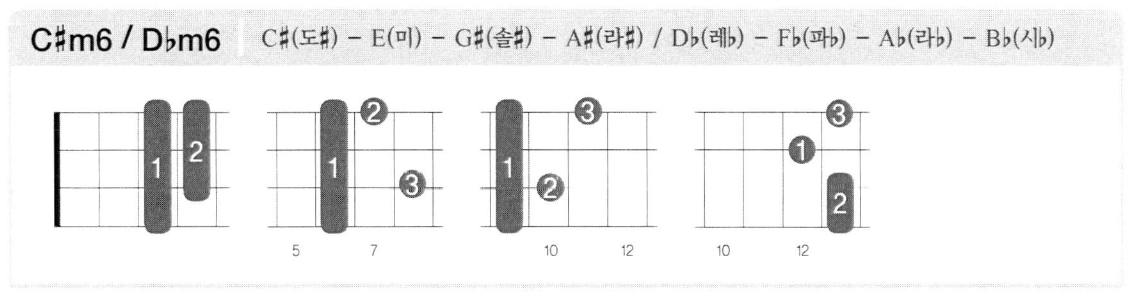

C#m6 / D♭m6
C#(도#) – E(미) – G#(솔#) – A#(라#) / D♭(레♭) – F♭(파♭) – A♭(라♭) – B♭(시♭)

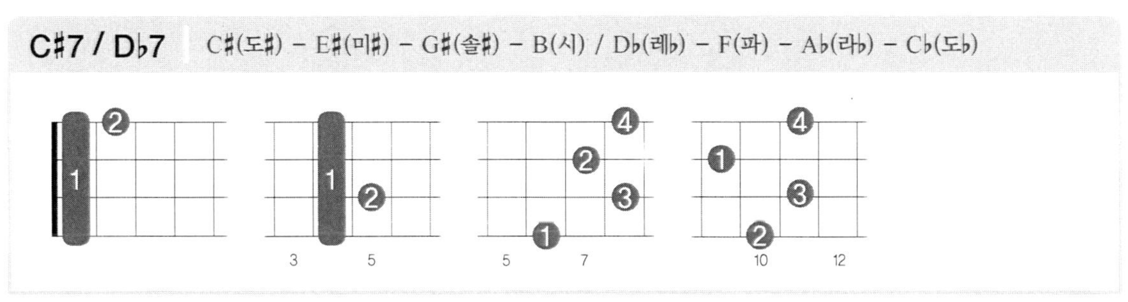

C#7 / D♭7
C#(도#) – E#(미#) – G#(솔#) – B(시) / D♭(레♭) – F(파) – A♭(라♭) – C♭(도♭)

C#7sus4 / Db7sus4   C#7(b5) / Db7(b5)   C#7(#5) / Db7(#5)   C#m7 / Dbm7

C#7sus4 / Db7sus4 | C#(도#) – F#(파#) – G#(솔#) – B(시) / Db(레b) – Gb(솔b) – Ab(라b) – Cb(도b)

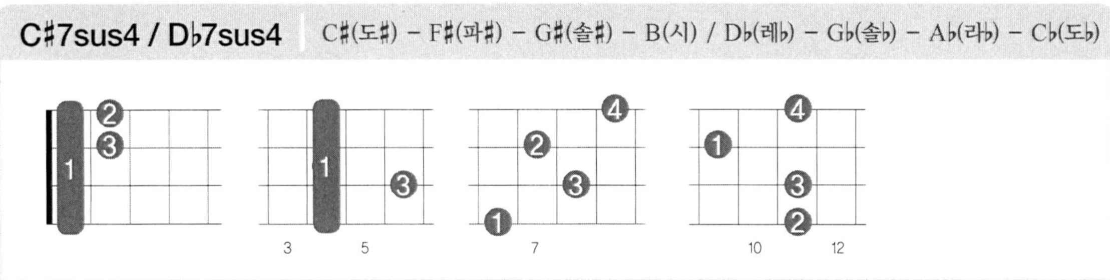

C#7(b5) / Db7(b5) | C#(도#) – E#(미#) – G(솔) – B(시) / Db(레b) – F(파) – Abb(라bb) – Cb(도b)

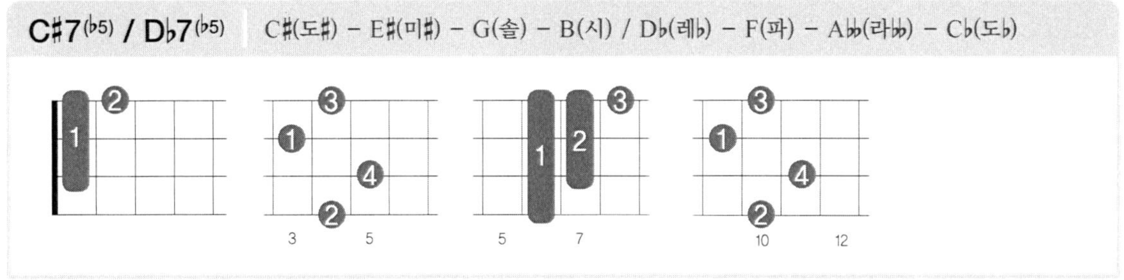

C#7(#5) / Db7(#5) | C#(도#) – E#(미#) – G✕(솔✕) – B(시) / Db(레b) – F(파) – A(라) – Cb(도b)

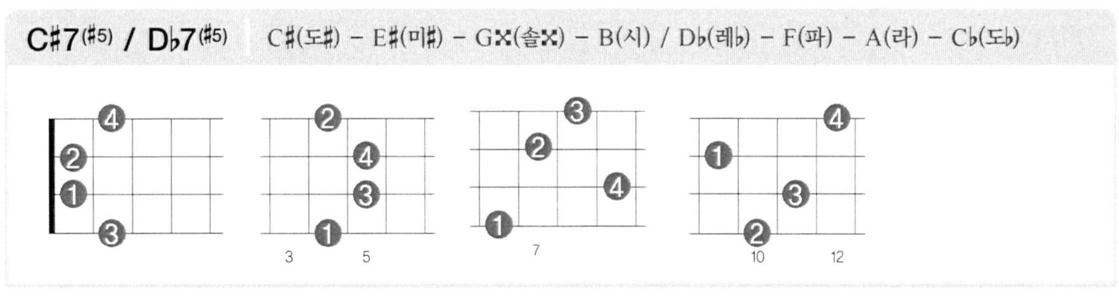

C#m7 / Dbm7 | C#(도#) – E(미) – G#(솔#) – B(시) / Db(레b) – Fb(파b) – Ab(라b) – Cb(도b)

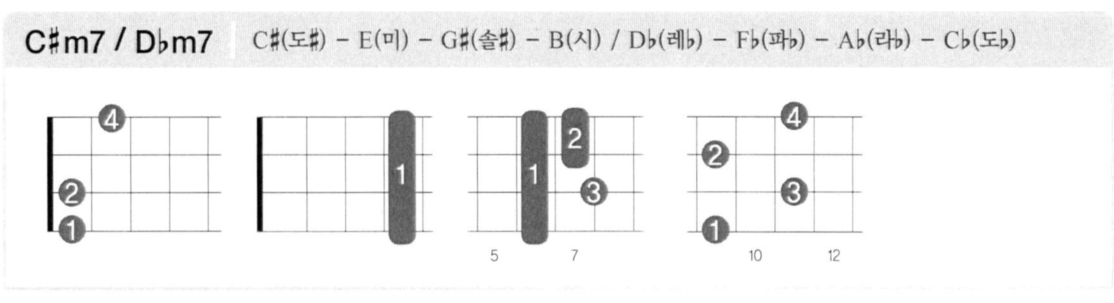

C#m7(♭5) / D♭m7(♭5)　C#(도#) – E(미) – G(솔) – B(시) / D♭(레♭) – F♭(파♭) – A♭♭(라♭♭) – C♭(도♭)

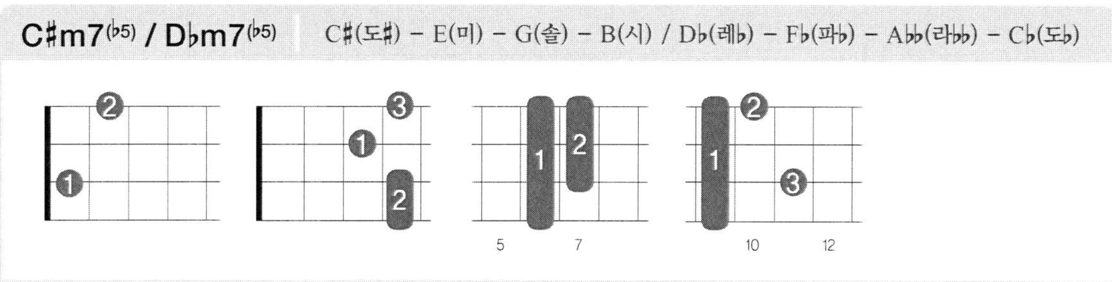

C#M7 / D♭M7　C#(도#) – E#(미#) – G#(솔#) – B#(시#) / D♭(레♭) – F(파) – A♭(라♭) – C(도)

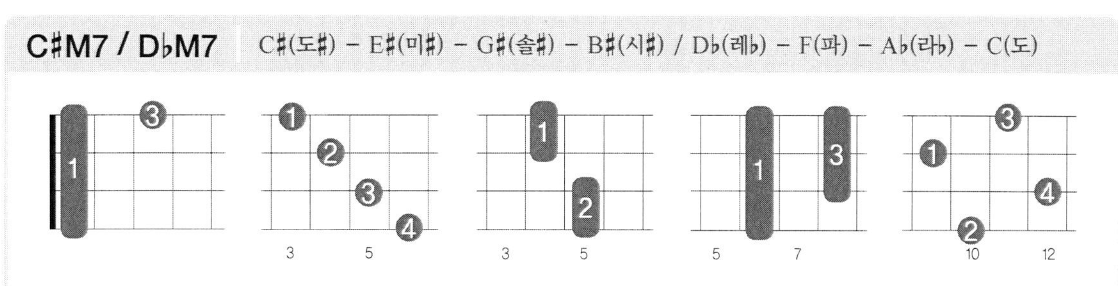

C#mM7 / D♭mM7　C#(도#) – E(미) – G#(솔#) – B#(시#) / D♭(레♭) – F♭(파♭) – A♭(라♭) – C(도)

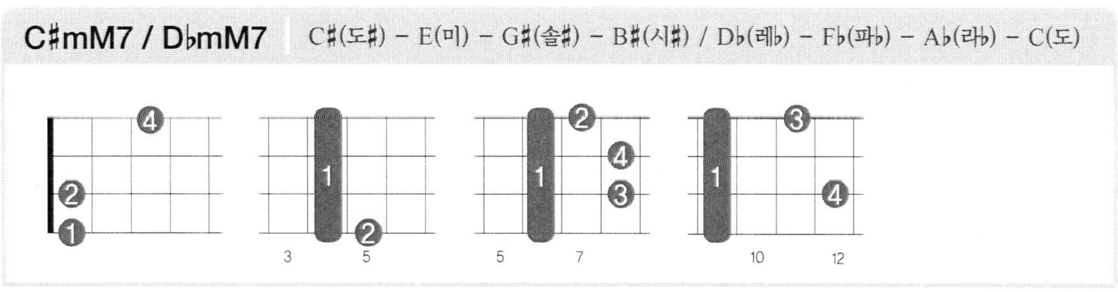

C#dim7 / D♭dim7　C#(도#) – E(미) – G(솔) – B♭(시♭) / D♭(레♭) – F♭(파♭) – A♭♭(라♭♭) – C♭♭(도♭♭)

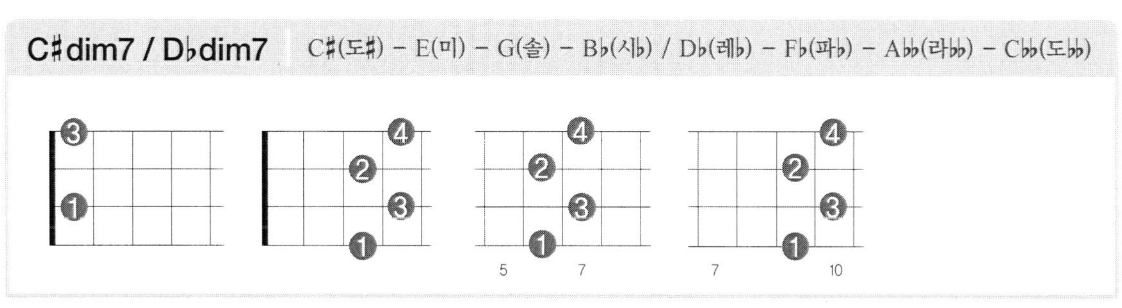

D   D(레) – F♯(파♯) – A(라)

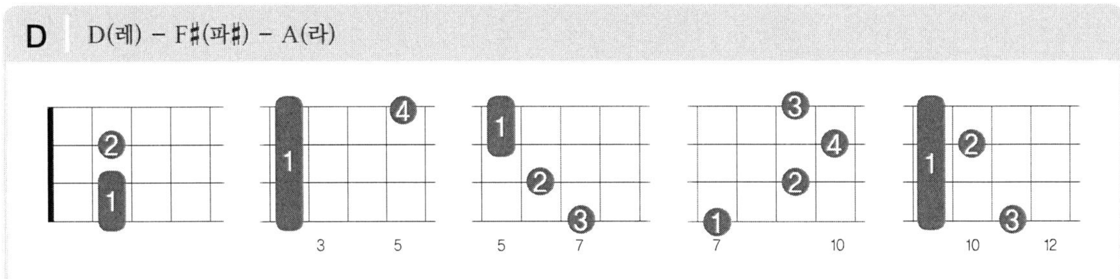

Dsus4   D(레) – G(솔) – A(라)

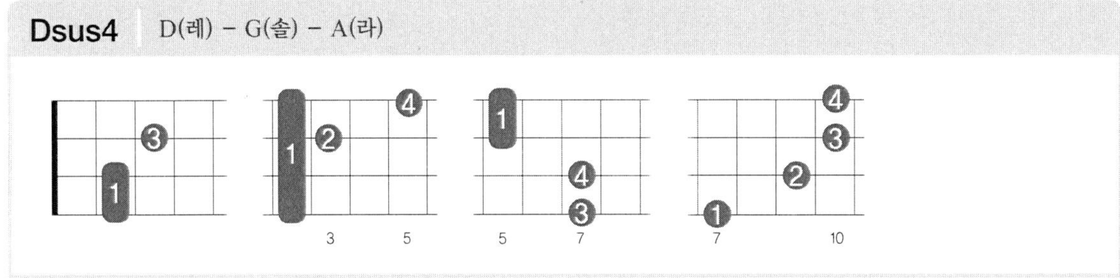

Daug   D(레) – F♯(파♯) – A♯(라♯)

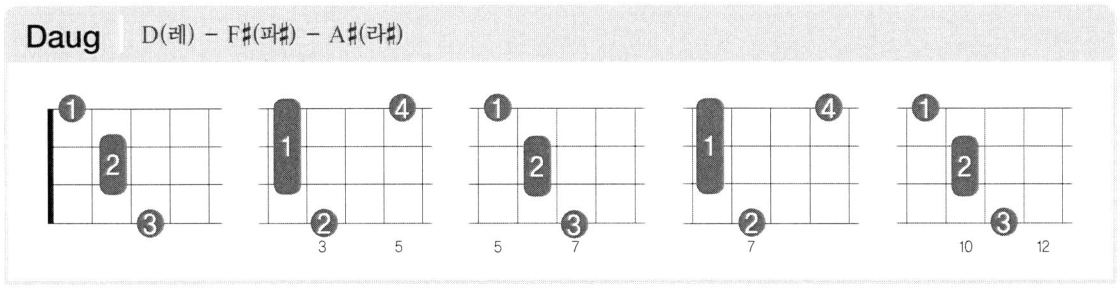

Dadd9   D(레) – F♯(파♯) – A(라) – E(미)

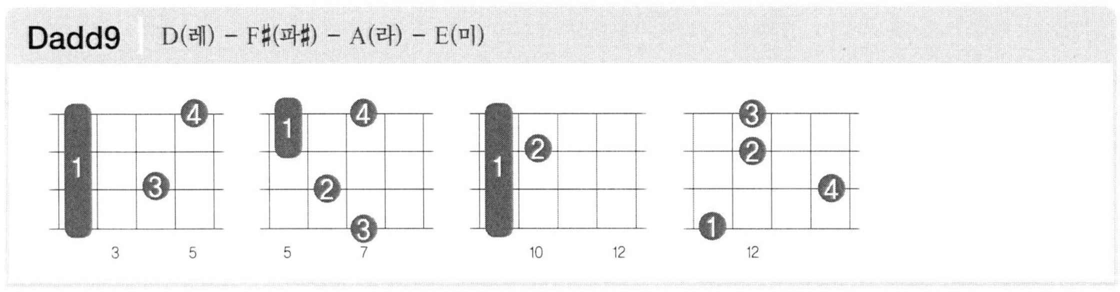

Dm — D(레) – F(파) – A(라)

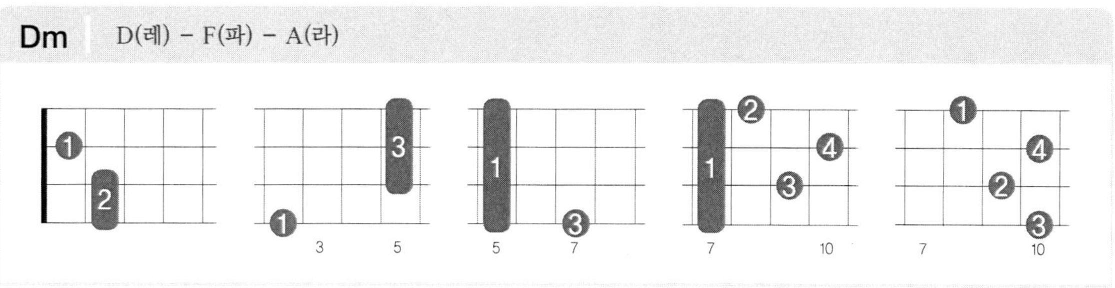

D6 — D(레) – F♯(파♯) – A(라) – B(시)

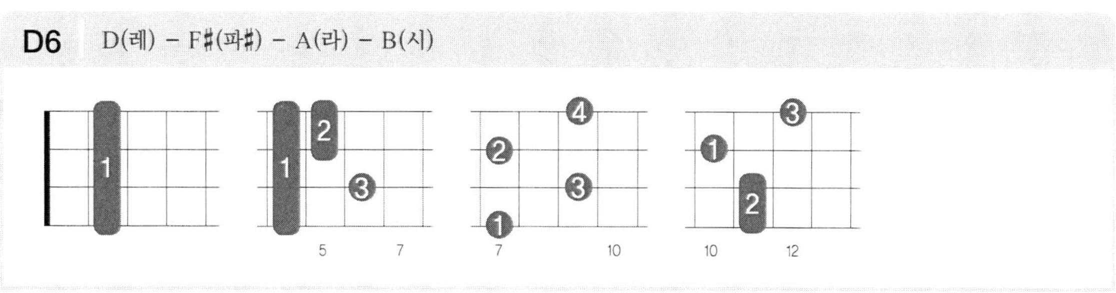

Dm6 — D(레) – F(파) – A(라) – B(시)

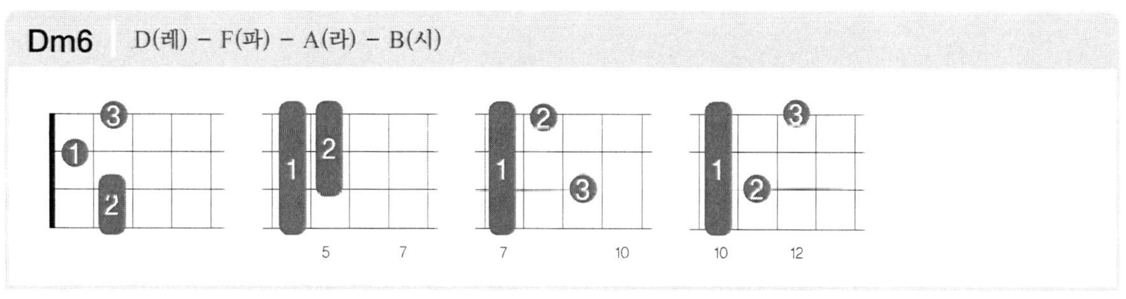

D7 — D(레) – F♯(파♯) – A(라) – C(도)

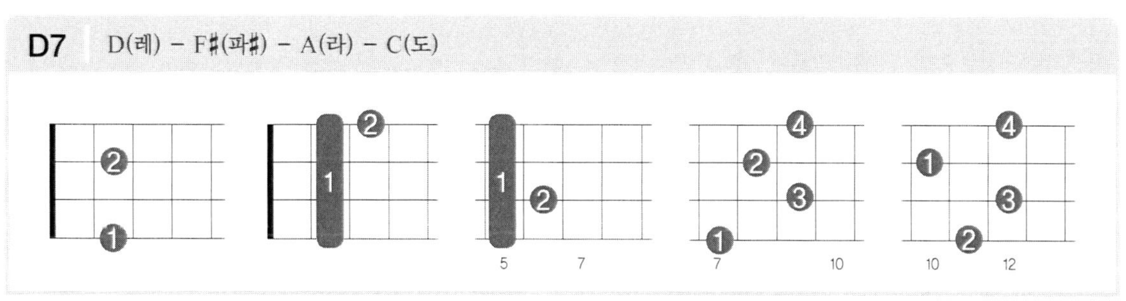

D7sus4   D(레) – G(솔) – A(라) – C(도)

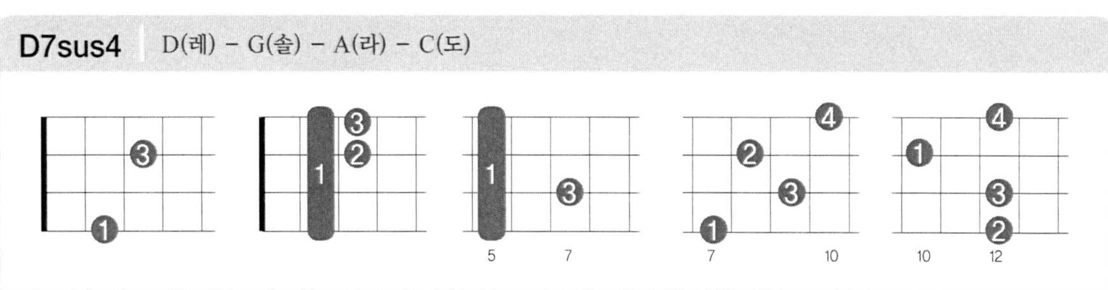

D7(♭5)   D(레) – F♯(파♯) – A♭(라♭) – C(도)

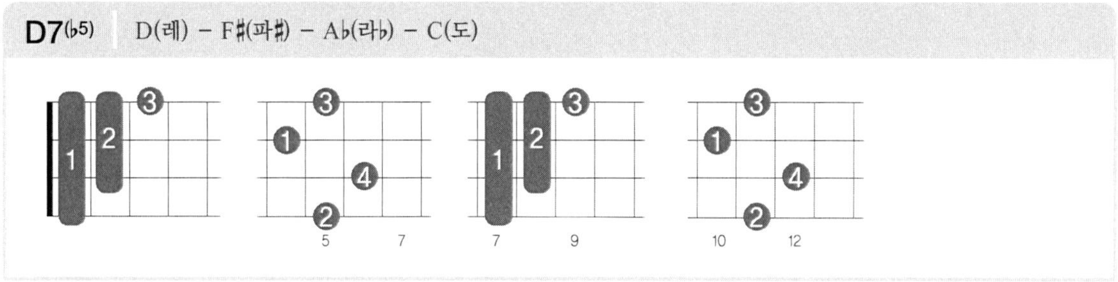

D7(♯5)   D(레) – F♯(파♯) – A♯(라♯) – C(도)

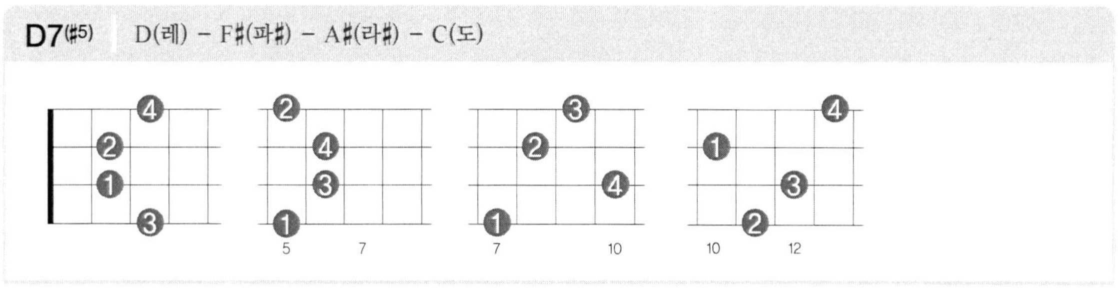

Dm7   D(레) – F(파) – A(라) – C(도)

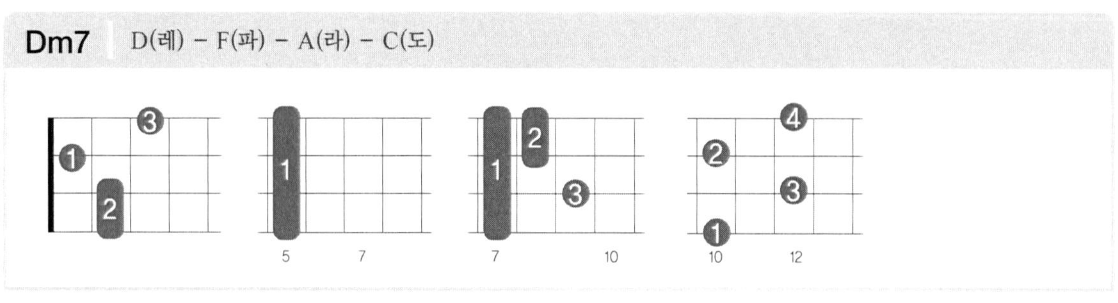

Dm7(♭5) D(레) – F(파) – A♭(라♭) – C(도)

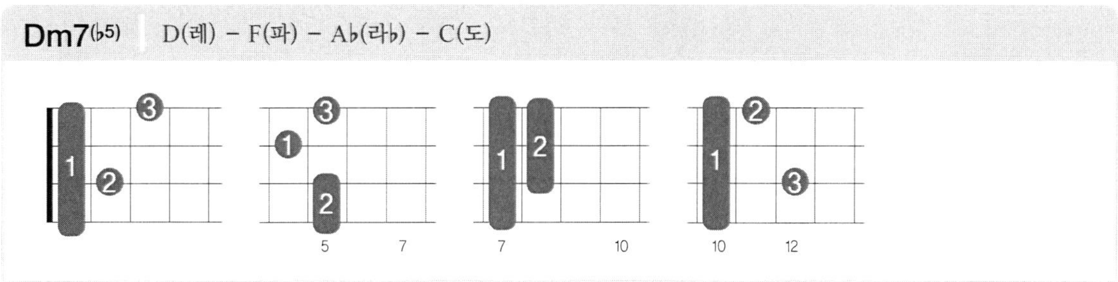

DM7 D(레) – F♯(파♯) – A(라) – C♯(도♯)

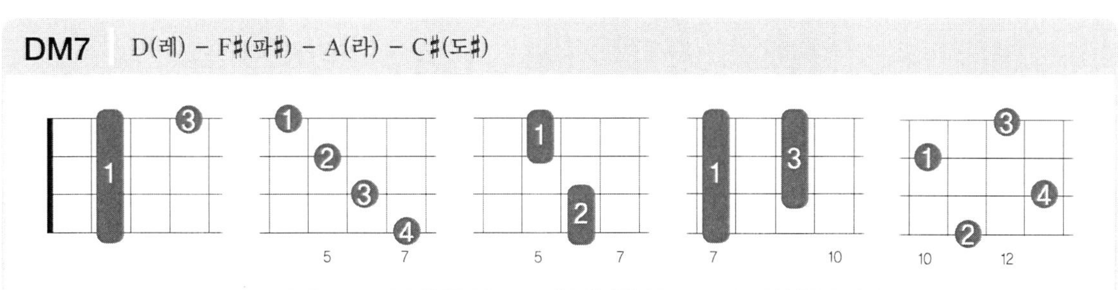

DmM7 D(레) – F(파) – A(라) – C♯(도♯)

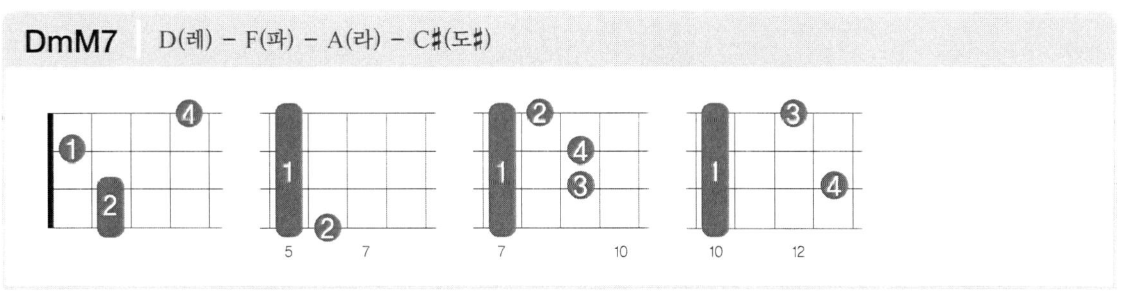

Ddim7 D(레) – F(파) – A♭(라♭) – C♭(도♭)

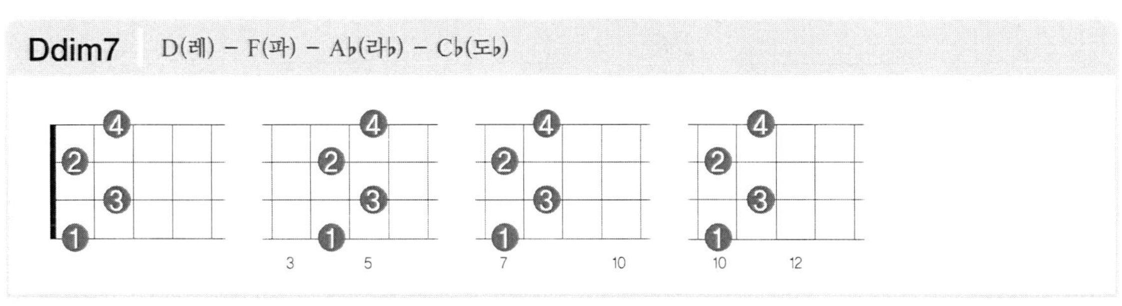

D# / E♭

D# / E♭   D#(레#) – F✕(파✕) – A#(라#) / E♭(미♭) – G(솔) – B♭(시♭)

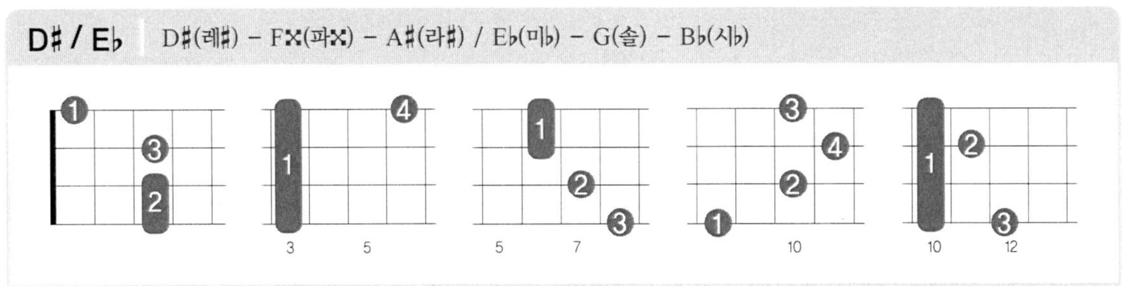

D#sus4 / E♭sus4   D#(레#) – G#(솔#) – A#(라#) / E♭(미♭) – A♭(라♭) – B♭(시♭)

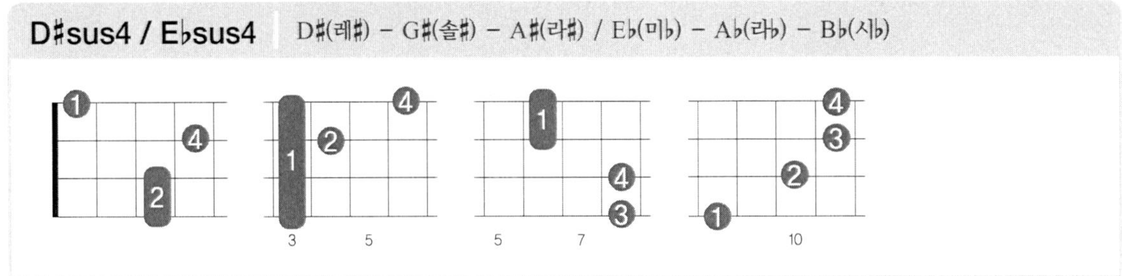

D#aug / E♭aug   D#(레#) – F✕(파✕) – A✕(라✕) / E♭(미♭) – G(솔) – B(시)

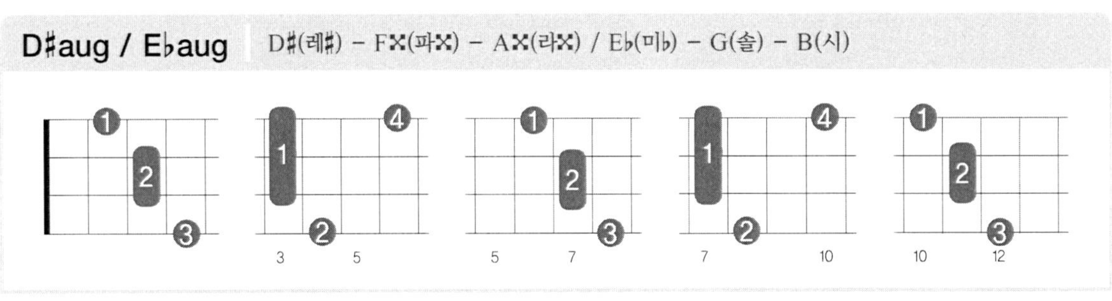

D#add9 / E♭add9   D#(레#) – F✕(파✕) – A#(라#) – E#(미#) / E♭(미♭) – G(솔) – B♭(시♭) – F(파)

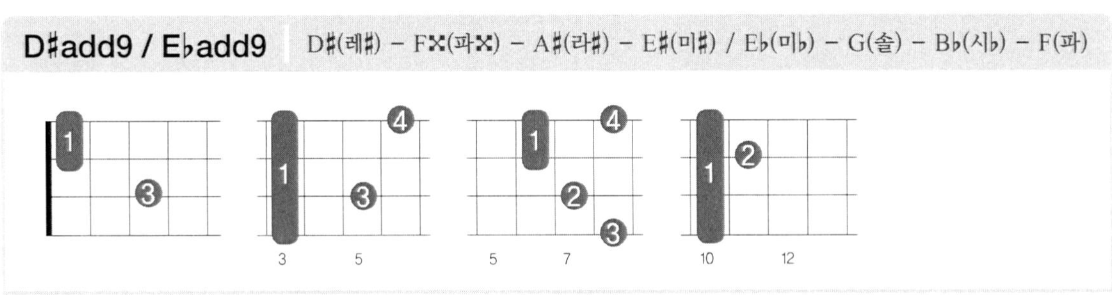

D#m / E♭m   D#(레#) – F#(파#) – A#(라#) / E♭(미♭) – G♭(솔♭) – B♭(시♭)

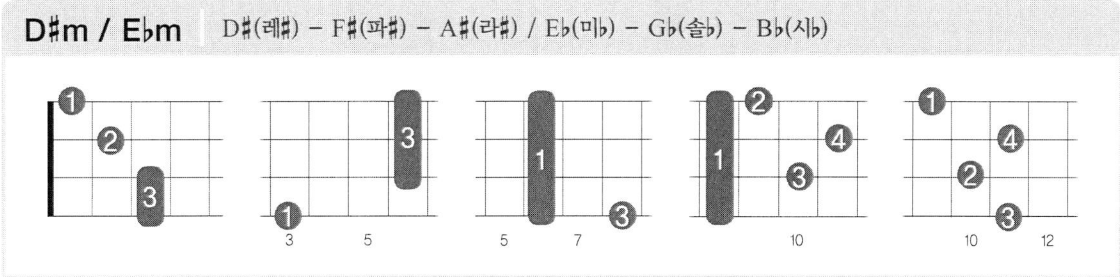

D#6 / E♭6   D#(레#) – F✕(파✕) – A#(라#) – B#(시#) / E♭(미♭) – G(솔) – B♭(시♭) – C(도)

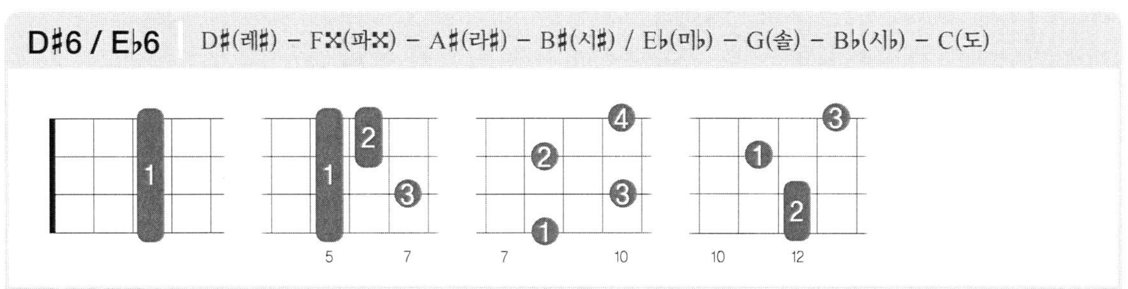

D#m6 / E♭m6   D#(레#) – F#(파#) – A#(라#) – B#(시#) / E♭(미♭) – G♭(솔♭) – B♭(시♭) – C(도)

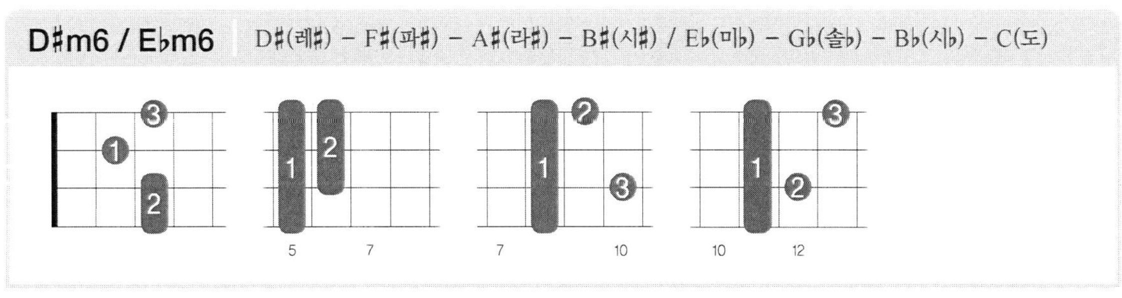

D#7 / E♭7   D#(레#) – F✕(파✕) – A#(라#) – C#(도#) / E♭(미♭) – G(솔) – B♭(시♭) – D♭(레♭)

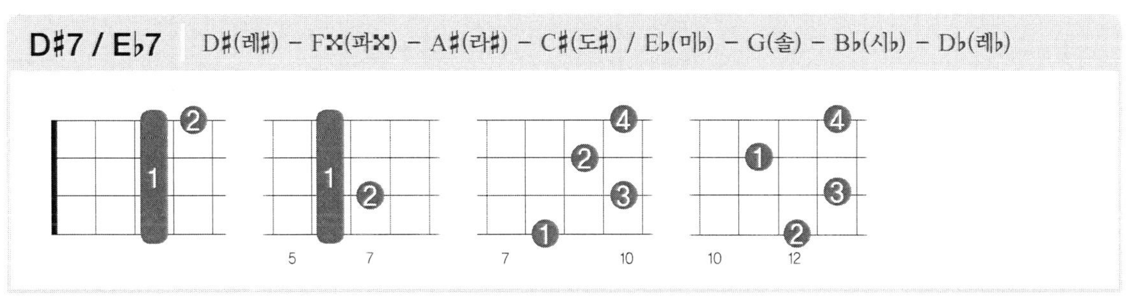

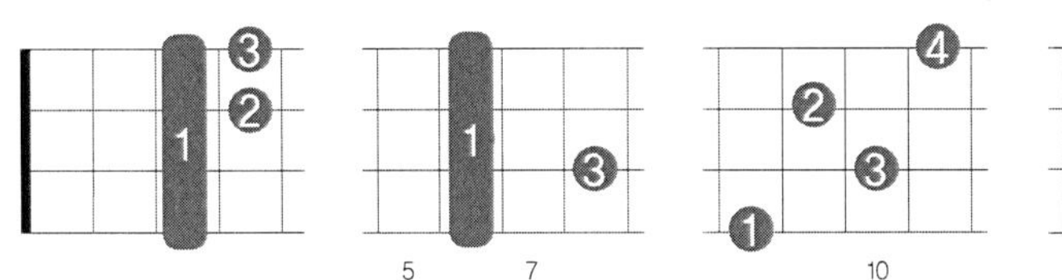

D♯7sus4 / E♭7sus4　D♯(레♯) − G♯(솔♯) − A♯(라♯) − C♯(도♯) / E♭(미♭) − A♭(라♭) − B♭(시♭) − D♭(레♭)

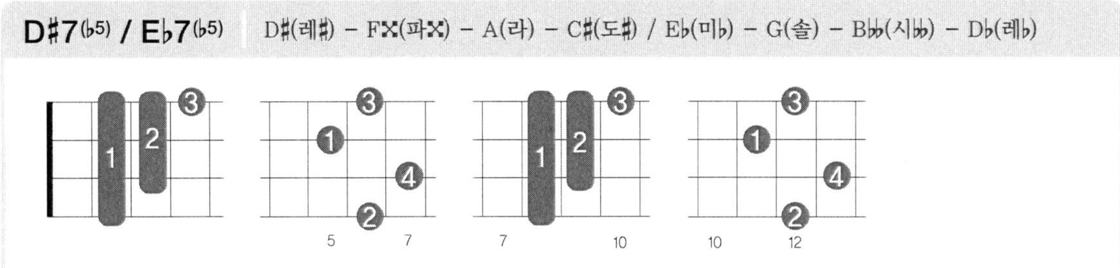

D♯7(♭5) / E♭7(♭5)　D♯(레♯) − F✗(파✗) − A(라) − C♯(도♯) / E♭(미♭) − G(솔) − B♭♭(시♭♭) − D♭(레♭)

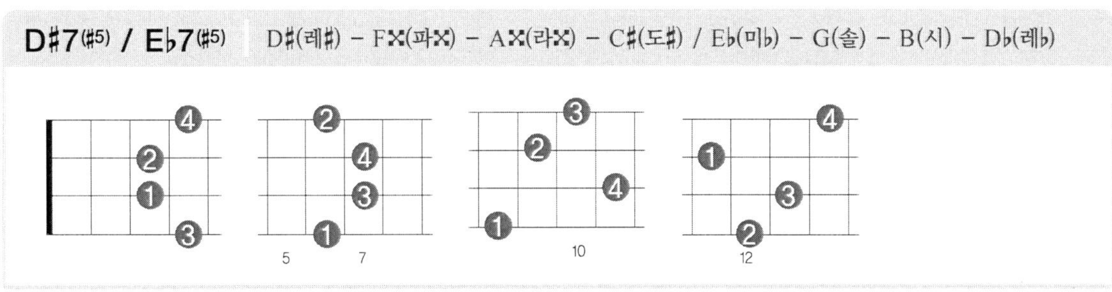

D♯7(♯5) / E♭7(♯5)　D♯(레♯) − F✗(파✗) − A✗(라✗) − C♯(도♯) / E♭(미♭) − G(솔) − B(시) − D♭(레♭)

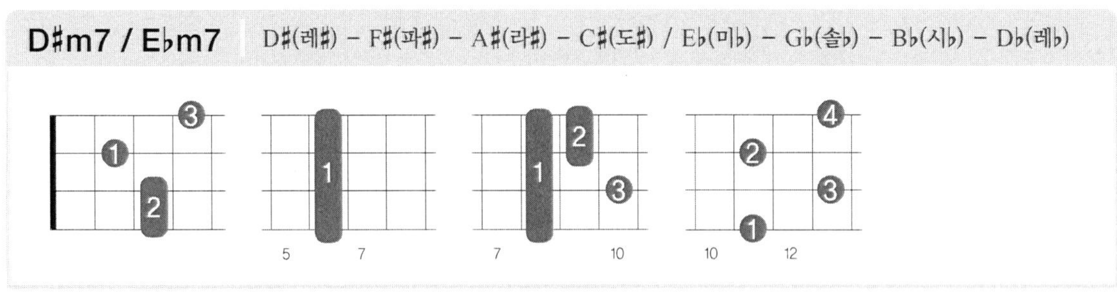

D♯m7 / E♭m7　D♯(레♯) − F♯(파♯) − A♯(라♯) − C♯(도♯) / E♭(미♭) − G♭(솔♭) − B♭(시♭) − D♭(레♭)

D#m7(b5) / Ebm7(b5)　D#(레#) – F#(파#) – A(라) – C#(도#) / Eb(미b) – Gb(솔b) – Bbb(시bb) – Db(레)

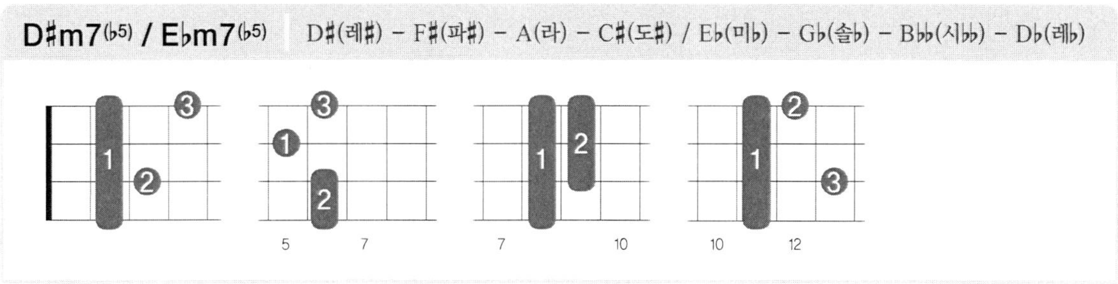

D#M7 / EbM7　D#(레#) – FX(파X) – A#(라#) – CX(도X) / Eb(미b) – G(솔) – Bb(시b) – D(레)

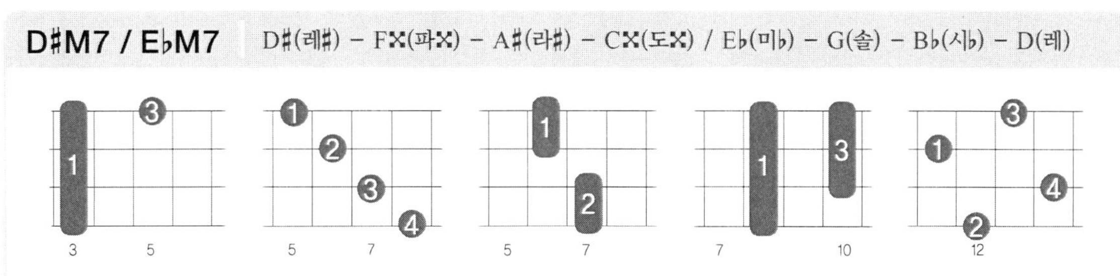

D#mM7 / EbmM7　D#(레#) – F#(파#) – A#(라#) – CX(도X) / Eb(미b) – Gb(솔b) – Bb(시b) – D(레)

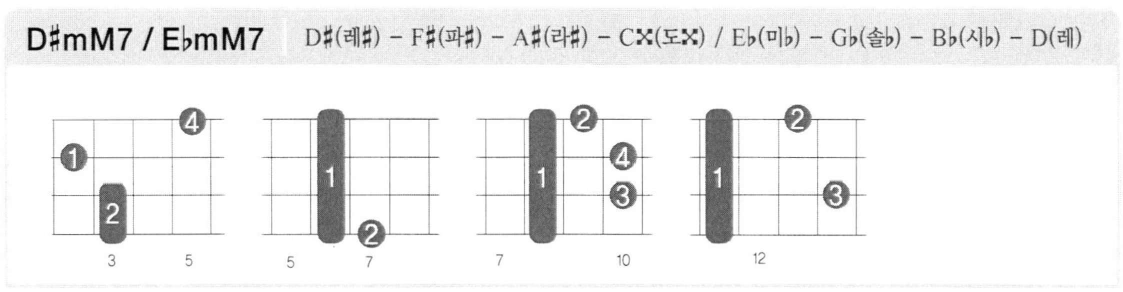

D#dim7 / Ebdim7　D#(레#) – F#(파#) – A(라) – C(도) / Eb(미b) – Gb(솔b) – Bbb(시bb) – Dbb(레bb)

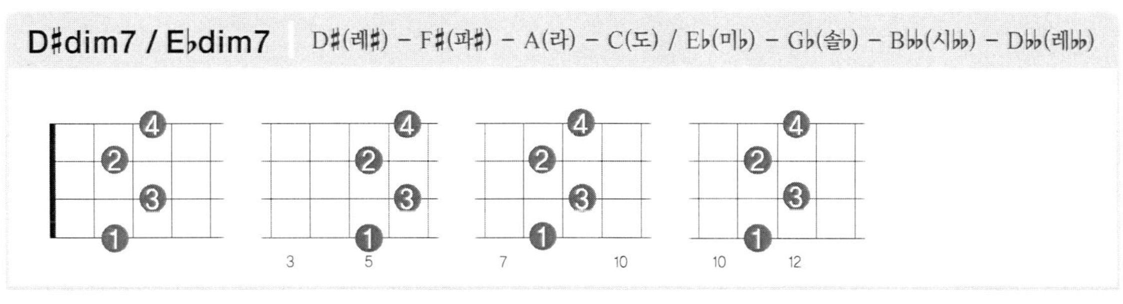

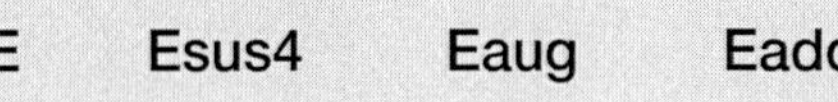

E

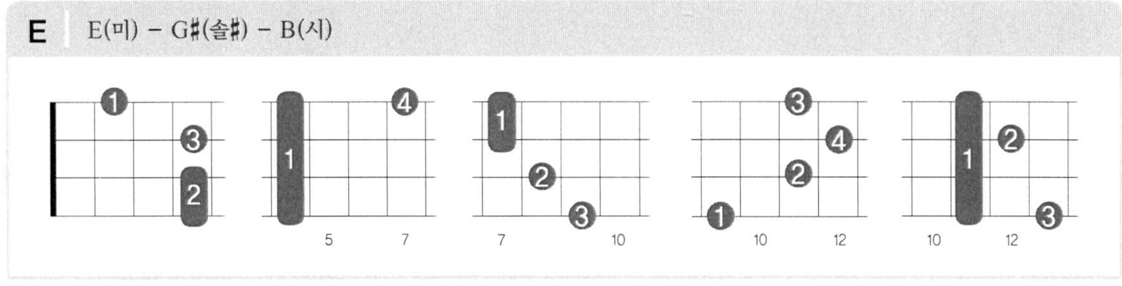

Esus4

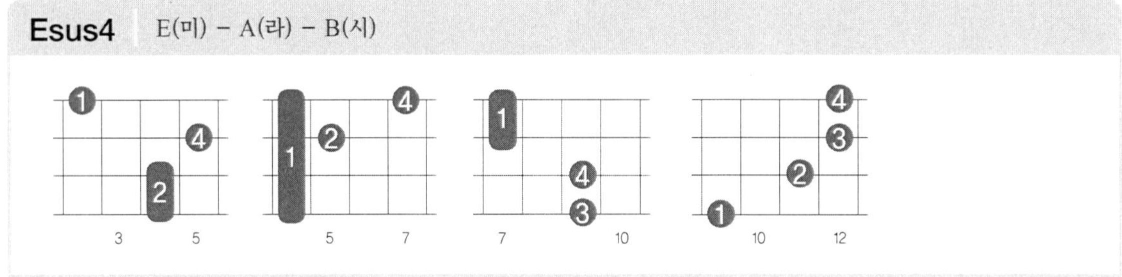

Eaug

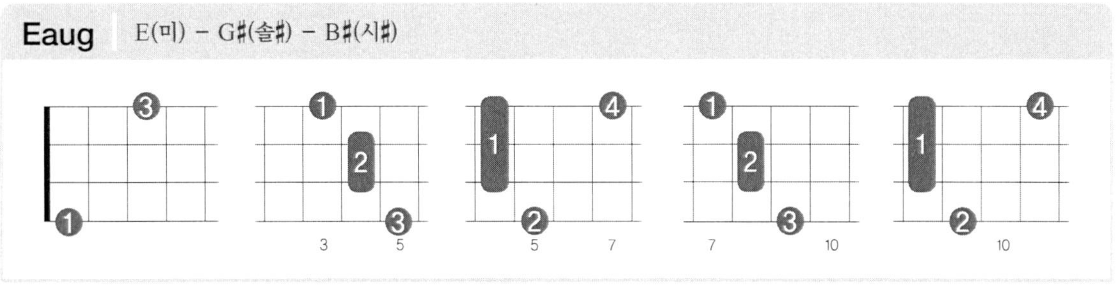

Eadd9

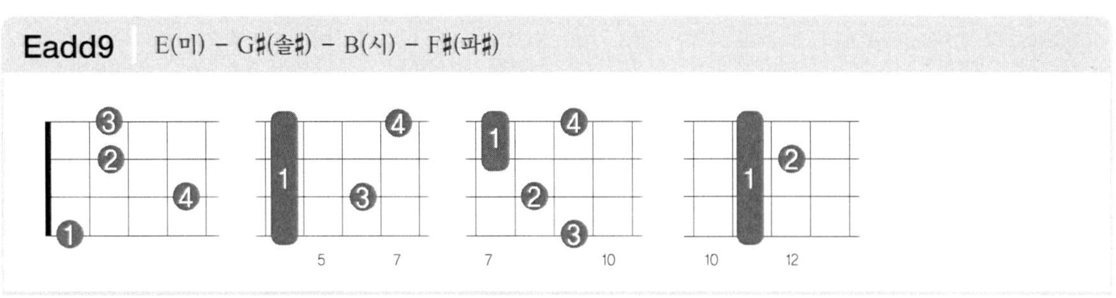

Em | E(미) – G(솔) – B(시)

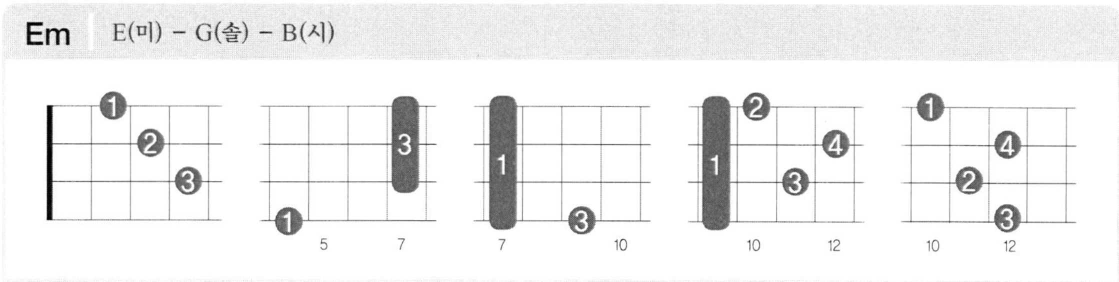

E6 | E(미) – G♯(솔♯) – B(시) – C♯(도♯)

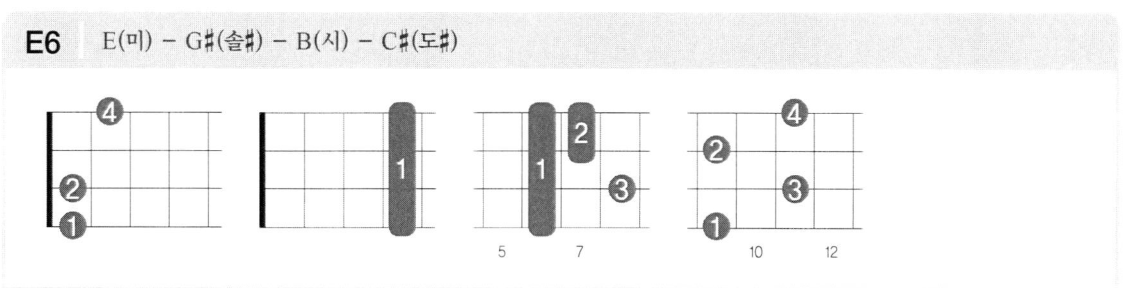

Em6 | E(미) – G(솔) – B(시) – C♯(도♯)

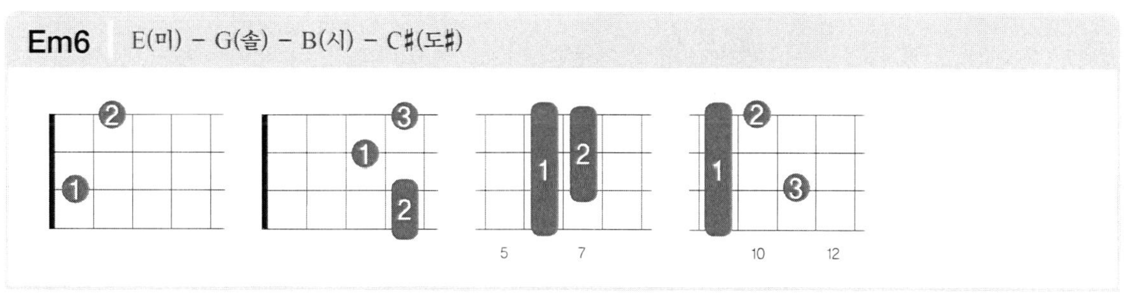

E7 | E(미) – G♯(솔♯) – B(시) – D(레)

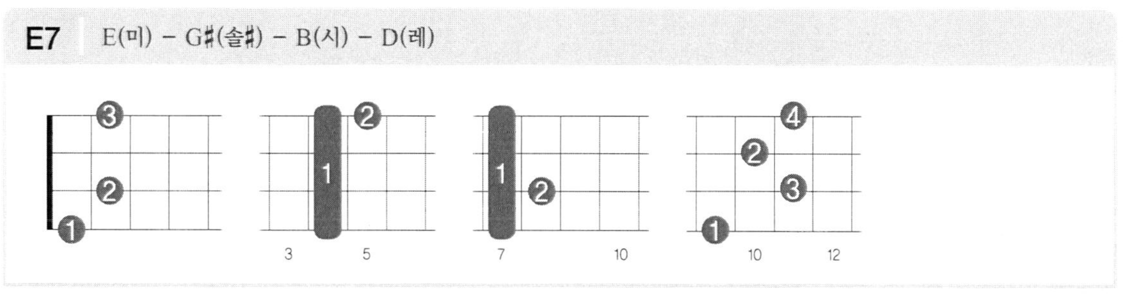

E
E7sus4   E7(♭5)   E7(♯5)   Em7

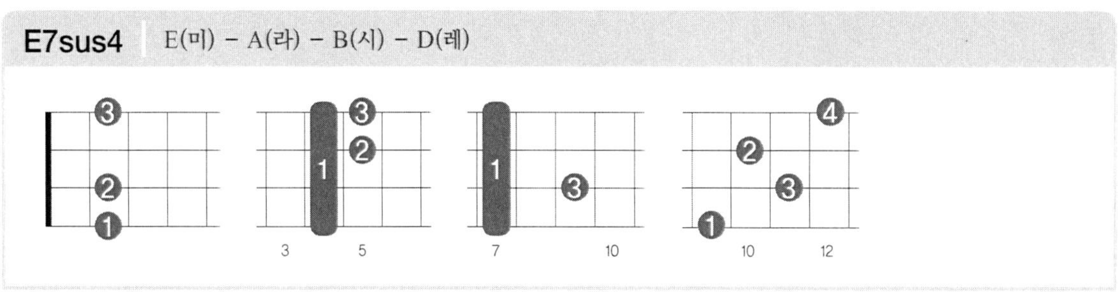

E7sus4   E(미) – A(라) – B(시) – D(레)
3   5   7   10   10   12

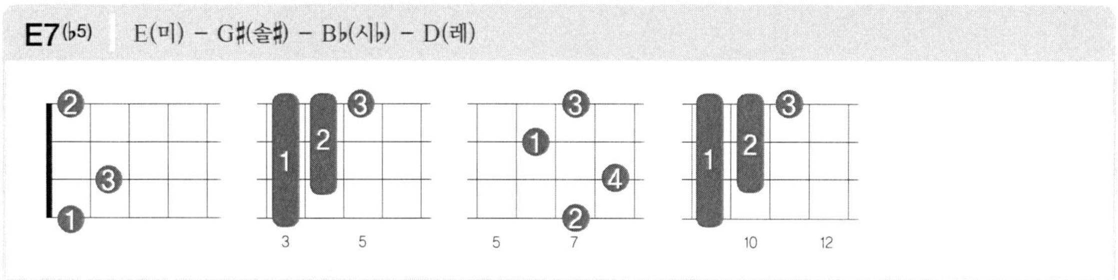

E7(♭5)   E(미) – G♯(솔♯) – B♭(시♭) – D(레)
3   5   5   7   10   12

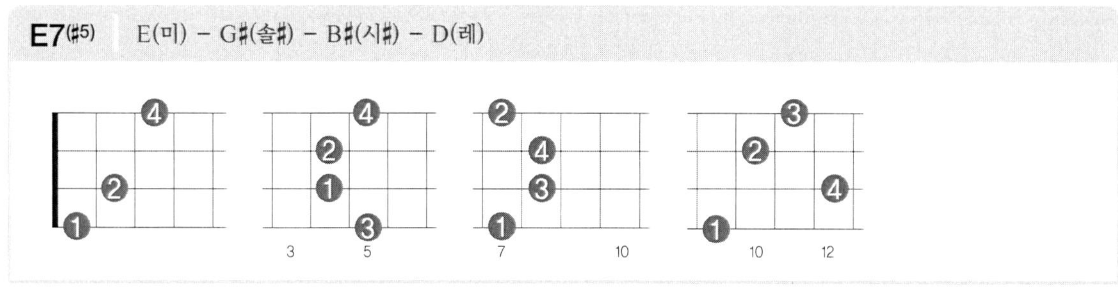

E7(♯5)   E(미) – G♯(솔♯) – B♯(시♯) – D(레)
3   5   7   10   10   12

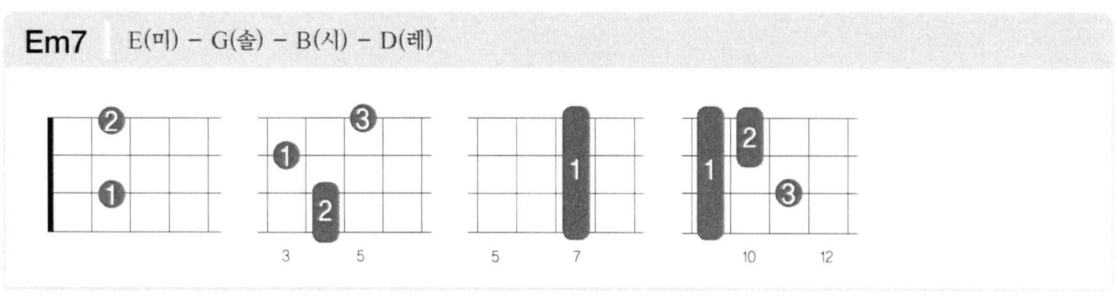

Em7   E(미) – G(솔) – B(시) – D(레)
3   5   5   7   10   12

Em7(♭5)　E(미) – G(솔) – B♭(시♭) – D(레)

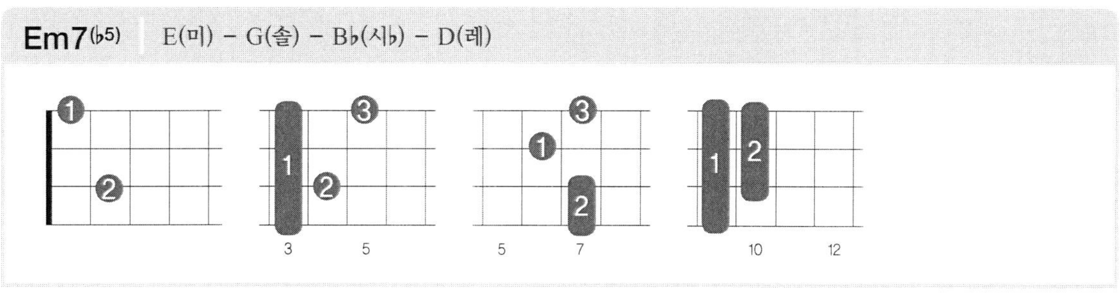

EM7　E(미) – G♯(솔♯) – B(시) – D♯(레♯)

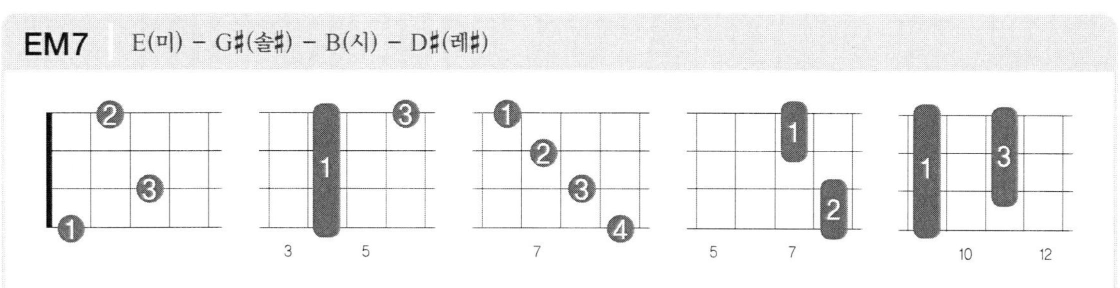

EmM7　E(미) – G(솔) – B(시) – D♯(레♯)

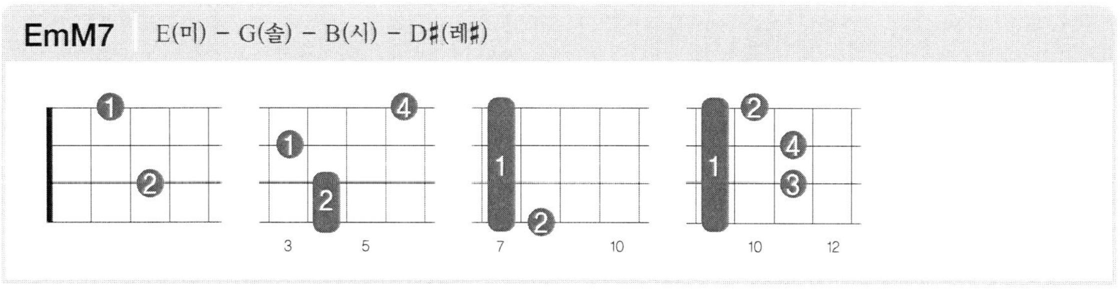

Edim7　E(미) – G(솔) – B♭(시♭) – D♭(레♭)

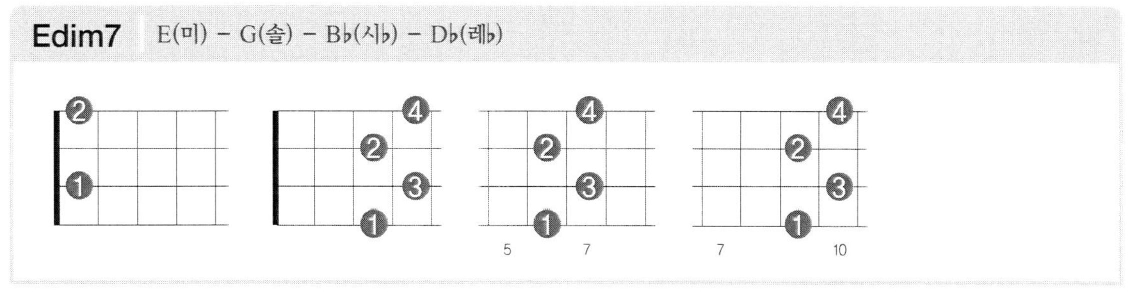

F   Fsus4   Faug   Fadd9

F   F(파) – A(라) – C(도)

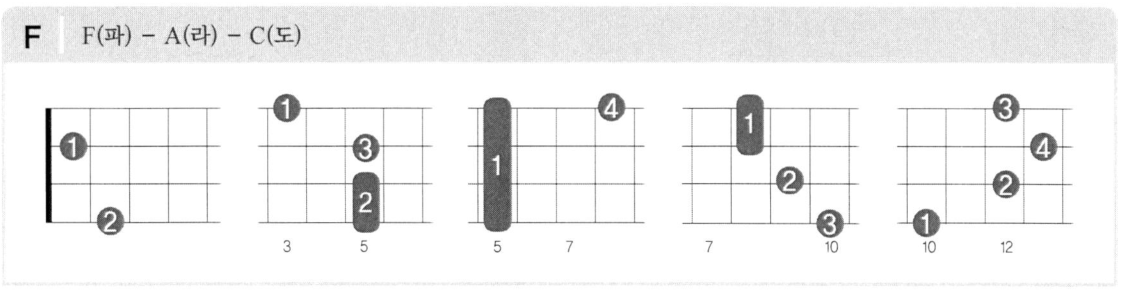

Fsus4   F(파) – B♭(시♭) – C(도)

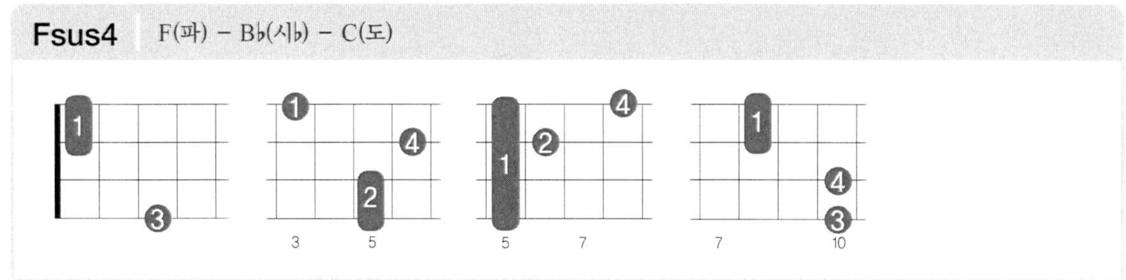

Faug   F(파) – A(라) – C♯(도♯)

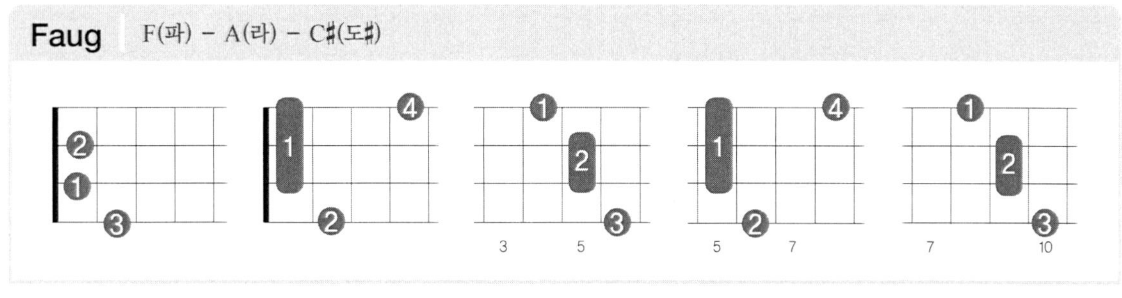

Fadd9   F(파) – A(라) – C(도) – G(솔)

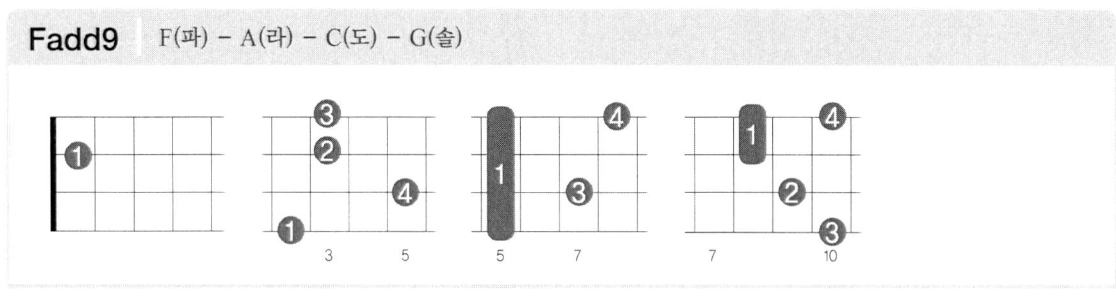

Fm   F(파) – A♭(라♭) – C(도)

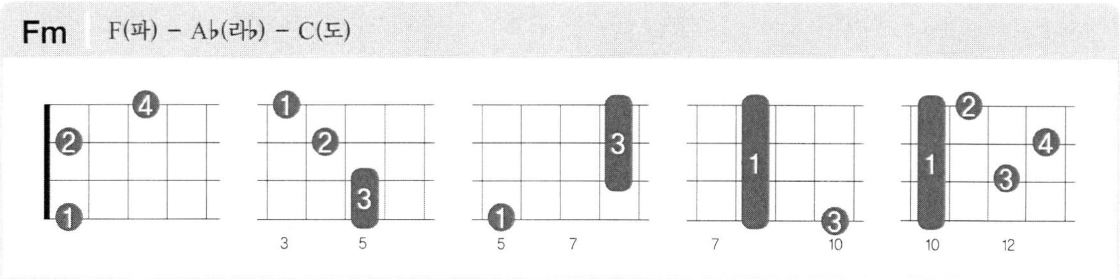

F6   F(파) – A(라) – C(도) – D(레)

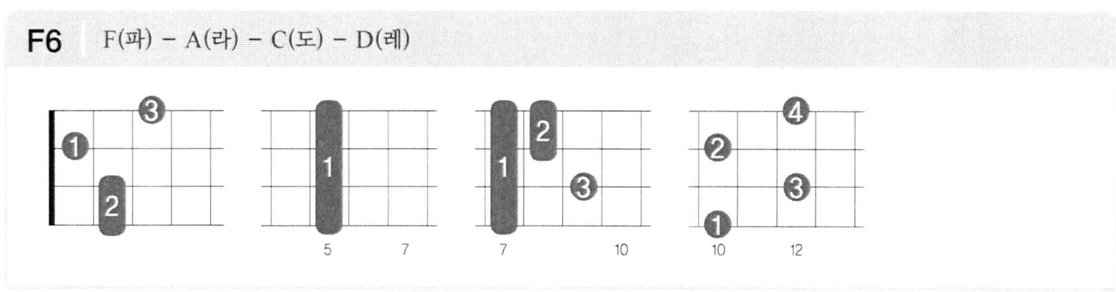

Fm6   F(파) – A♭(라♭) – C(도) – D(레)

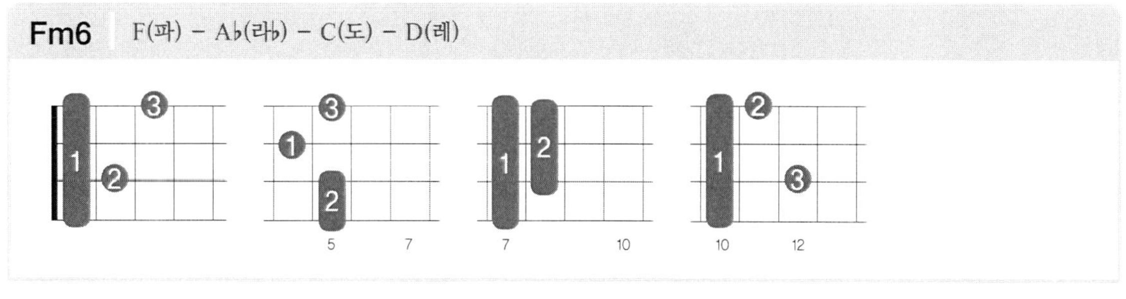

F7   F(파) – A(라) – C(도) – E♭(미♭)

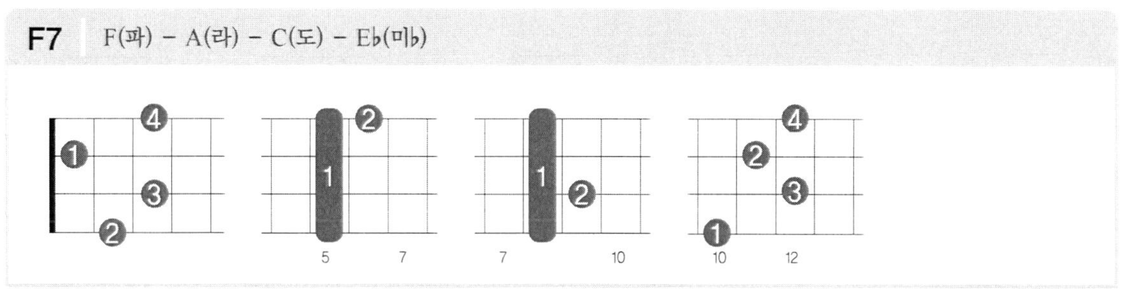

F

F7sus4 **F7(♭5)** **F7(♯5)** **Fm7**

F7sus4 | F(파) − B♭(시♭) − C(도) − E♭(미♭)

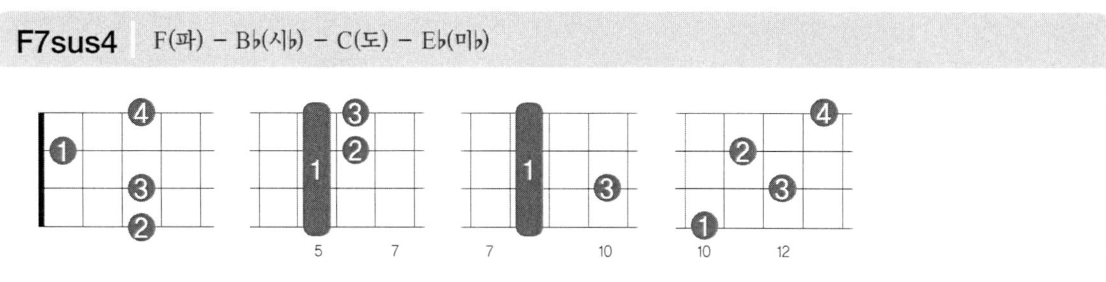

F7(♭5) | F(파) − A(라) − C♭(도♭) − E♭(미♭)

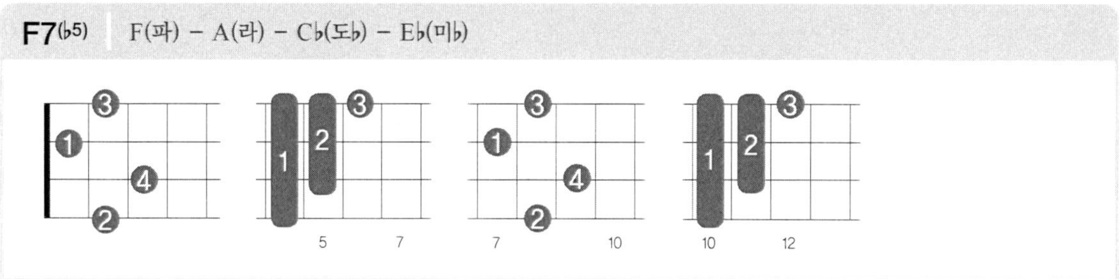

F7(♯5) | F(파) − A(라) − C♯(도♯) − E♭(미♭)

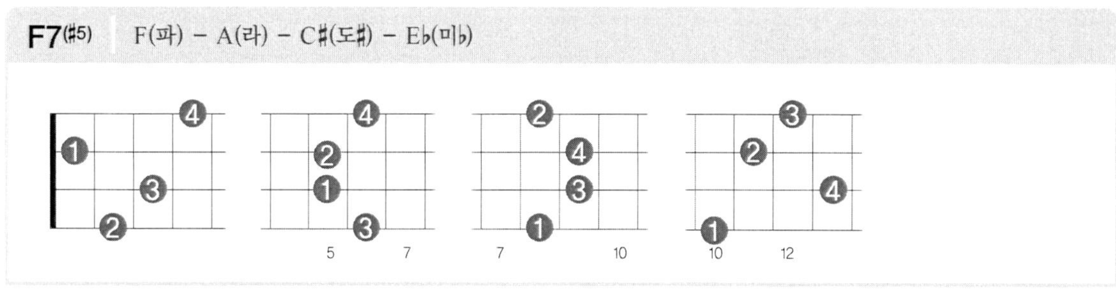

Fm7 | F(파) − A♭(라♭) − C(도) − E♭(미♭)

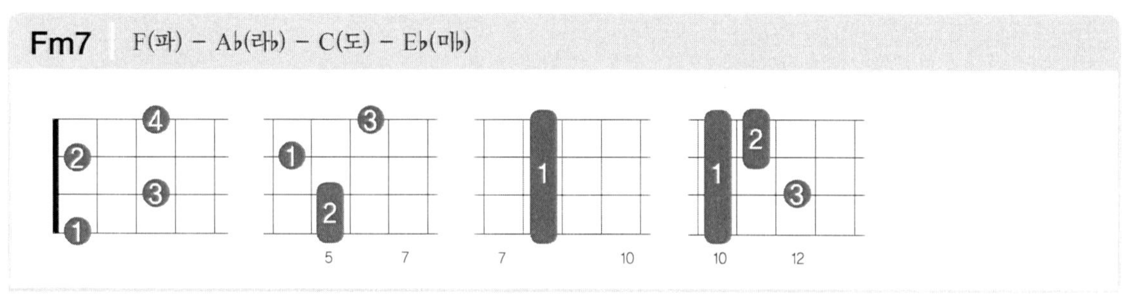

Fm7(♭5)   F(파) – A♭(라♭) – C♭(도♭) – E♭(미♭)

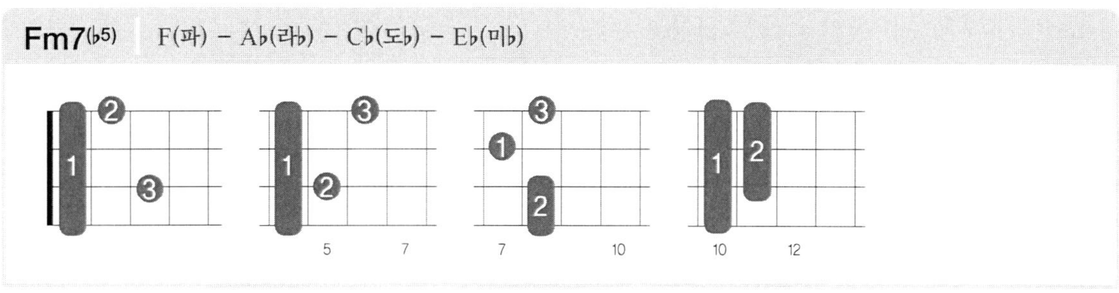

FM7   F(파) – A(라) – C(도) – E(미)

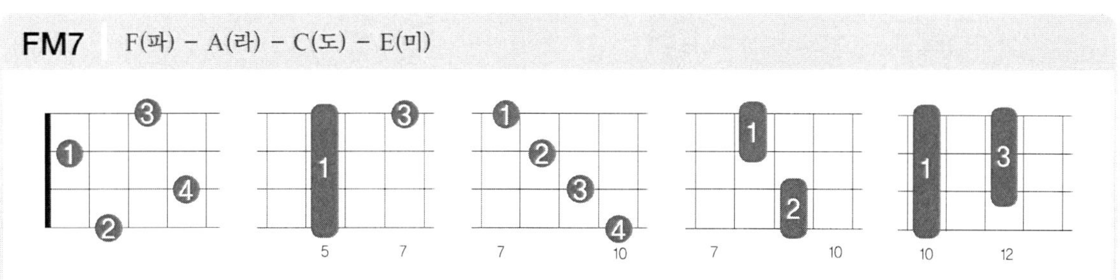

FmM7   F(파) – A♭(라♭) – C(도) – E(미)

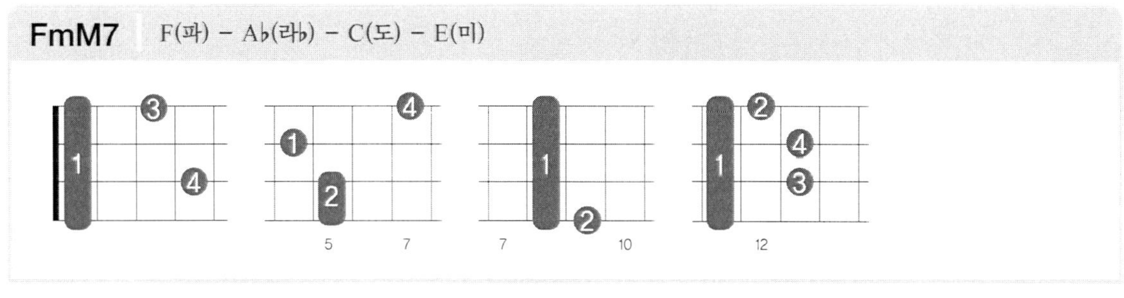

Fdim7   F(파) – A♭(라♭) – C♭(도♭) – E♭♭(미♭♭)

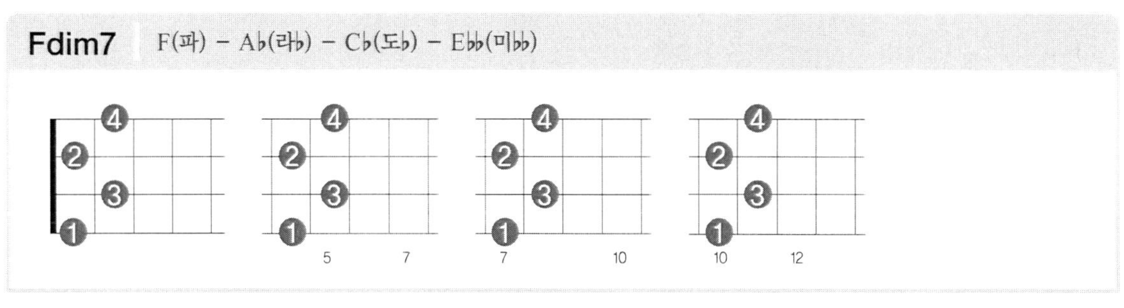

F# / Gb   F#(파#) – A#(라#) – C#(도#) / Gb(솔b) – Bb(시b) – Db(레b)

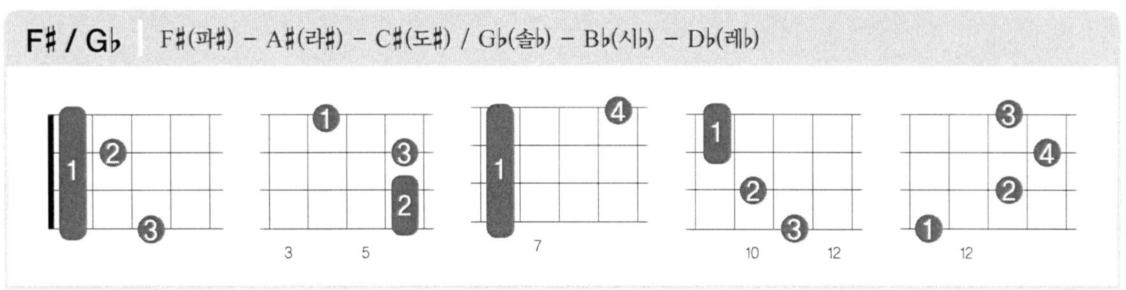

F#sus4 / Gbsus4   F#(파#) – B(시) – C#(도#) / Gb(솔b) – Cb(도b) – Db(레b)

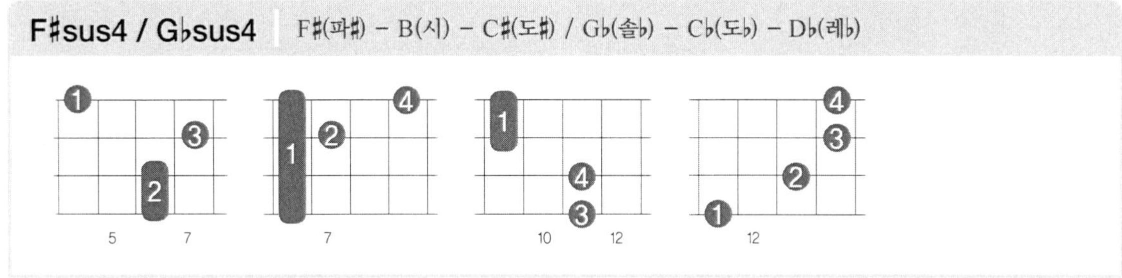

F#aug / Gbaug   F#(파#) – A#(라#) – C𝄪(도𝄪) / Gb(솔b) – Bb(시b) – D(레)

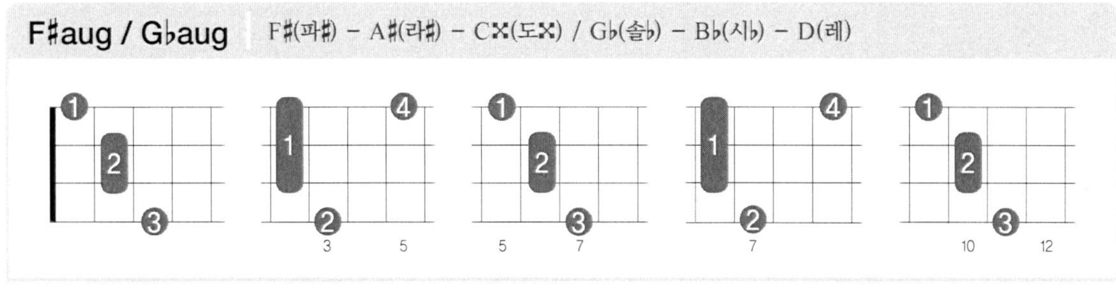

F#add9 / Gbadd9   F#(파#) – A#(라#) – C#(도#) – G#(솔#) / Gb(솔b) – Bb(시b) – Db(레b) – Ab(라b)

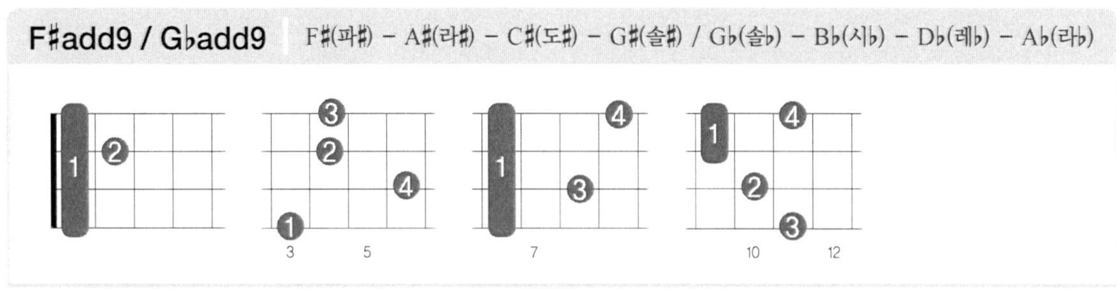

F#m / G♭m   F#(파#) – A(라) – C#(도#) / G♭(솔♭) – B♭♭(시♭♭) – D♭(레♭)

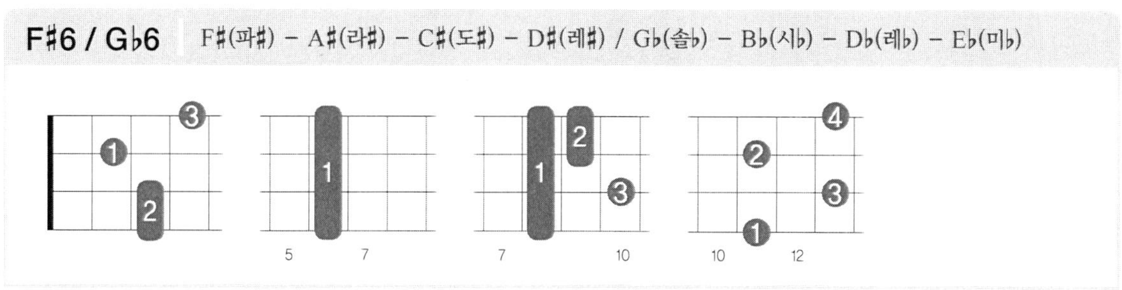

F#6 / G♭6   F#(파#) – A#(라#) – C#(도#) – D#(레#) / G♭(솔♭) – B♭(시♭) – D♭(레♭) – E♭(미♭)

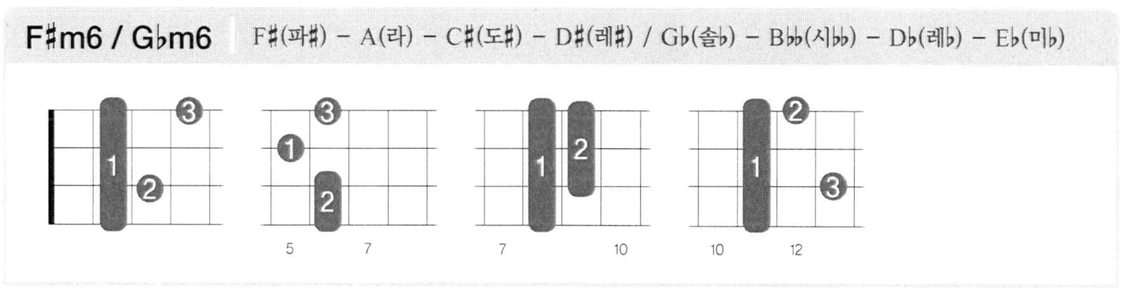

F#m6 / G♭m6   F#(파#) – A(라) – C#(도#) – D#(레#) / G♭(솔♭) – B♭♭(시♭♭) – D♭(레♭) – E♭(미♭)

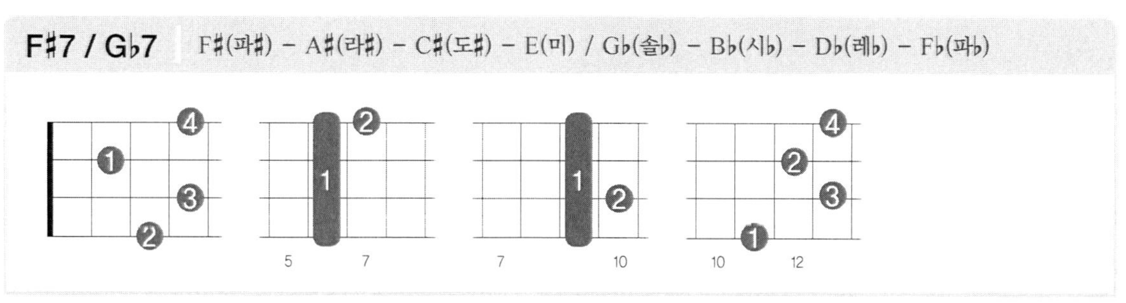

F#7 / G♭7   F#(파#) – A#(라#) – C#(도#) – E(미) / G♭(솔♭) – B♭(시♭) – D♭(레♭) – F♭(파♭)

F# / Gb
F#7sus4 / Gb7sus4   F#7(b5) / Gb7(b5)   F#7(#5) / Gb7(#5)   F#m7 / Gbm7

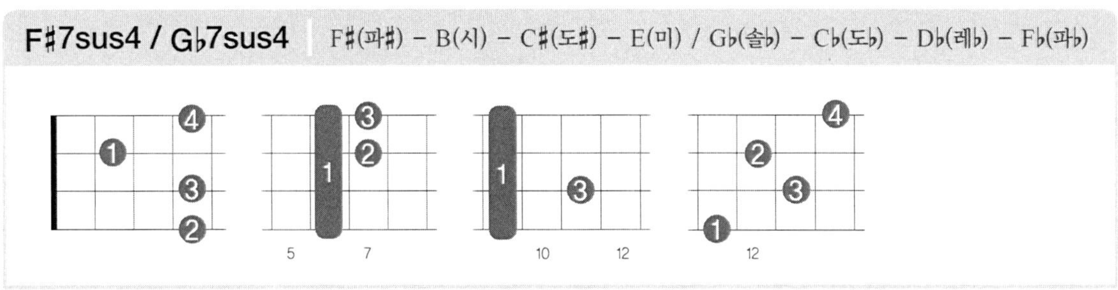

F#7sus4 / Gb7sus4
F#(파#) – B(시) – C#(도#) – E(미) / Gb(솔b) – Cb(도b) – Db(레b) – Fb(파b)
5   7   10   12   12

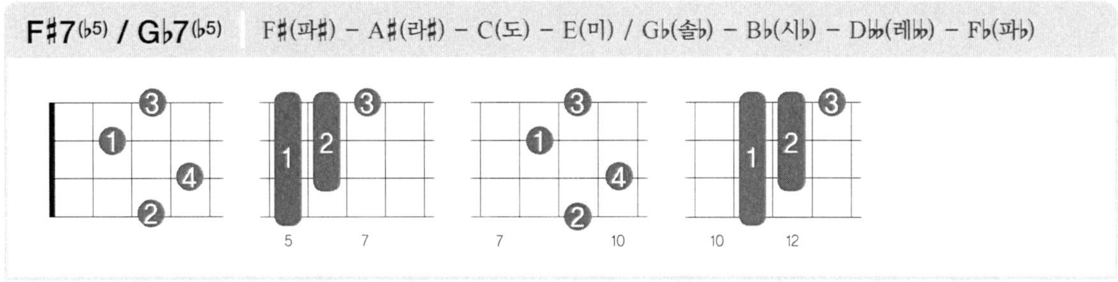

F#7(b5) / Gb7(b5)
F#(파#) – A#(라#) – C(도) – E(미) / Gb(솔b) – Bb(시b) – Dbb(레bb) – Fb(파b)
5   7   7   10   10   12

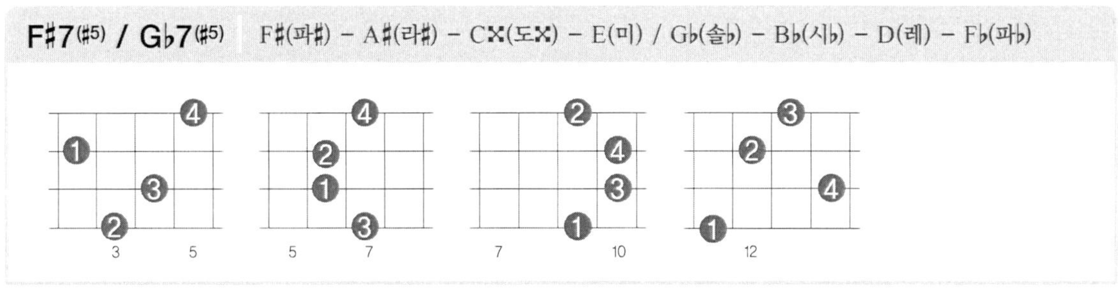

F#7(#5) / Gb7(#5)
F#(파#) – A#(라#) – C✕(도✕) – E(미) / Gb(솔b) – Bb(시b) – D(레) – Fb(파b)
3   5   5   7   7   10   12

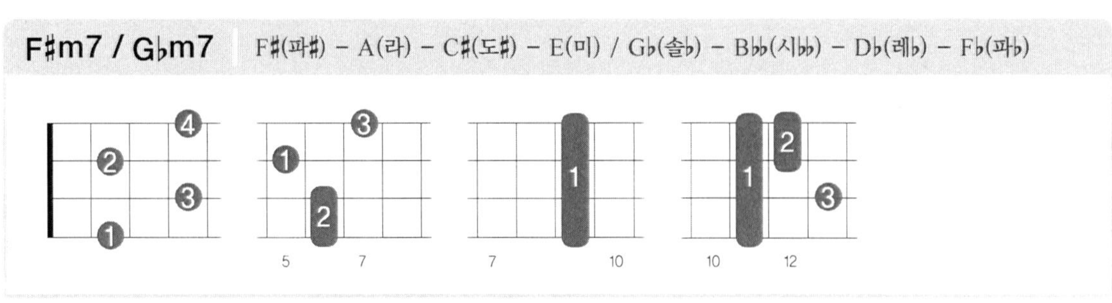

F#m7 / Gbm7
F#(파#) – A(라) – C#(도#) – E(미) / Gb(솔b) – Bbb(시bb) – Db(레b) – Fb(파b)
5   7   7   10   10   12

F#m7(b5) / Gbm7(b5)　F#(파#) – A(라) – C(도) – E(미) / Gb(솔b) – Bbb(시bb) – Dbb(레bb) – Fb(파b)

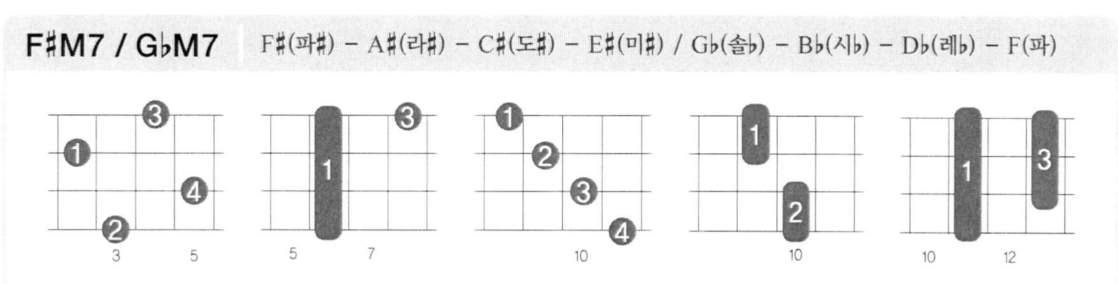

F#M7 / GbM7　F#(파#) – A#(라#) – C#(도#) – E#(미#) / Gb(솔b) – Bb(시b) – Db(레b) – F(파)

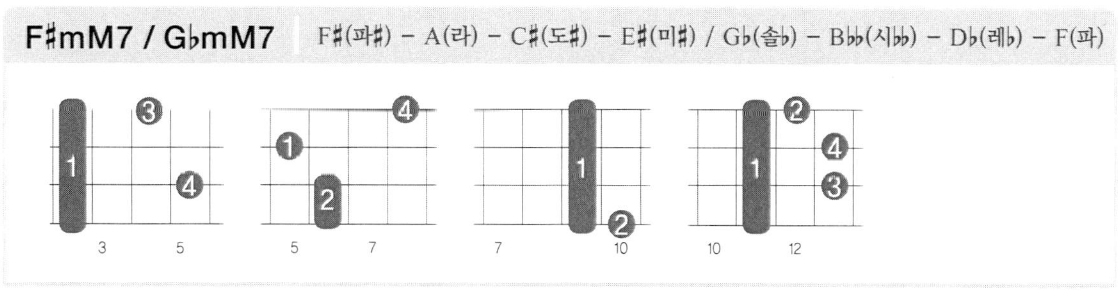

F#mM7 / GbmM7　F#(파#) – A(라) – C#(도#) – E#(미#) / Gb(솔b) – Bbb(시bb) – Db(레b) – F(파)

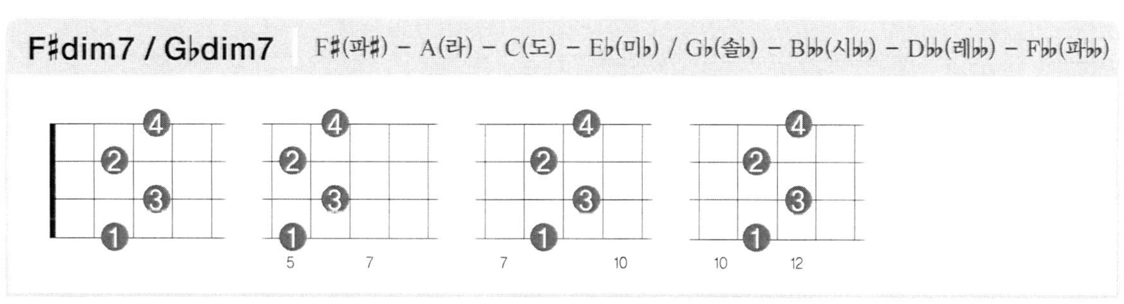

F#dim7 / Gbdim7　F#(파#) – A(라) – C(도) – Eb(미b) / Gb(솔b) – Bbb(시bb) – Dbb(레bb) – Fbb(파bb)

G

G   Gsus4   Gaug   Gadd9

G | G(솔) – B(시) – D(레)

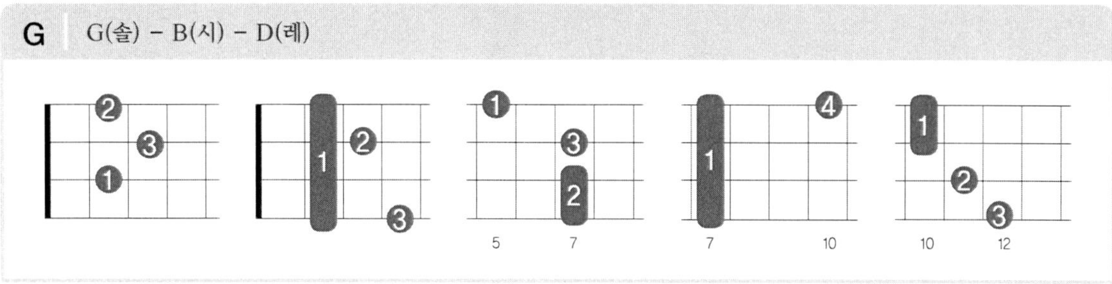

Gsus4 | G(솔) – C(도) – D(레)

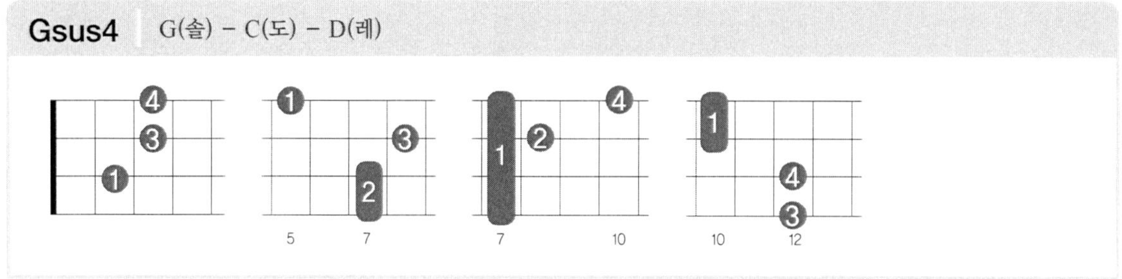

Gaug | G(솔) – B(시) – D♯(레♯)

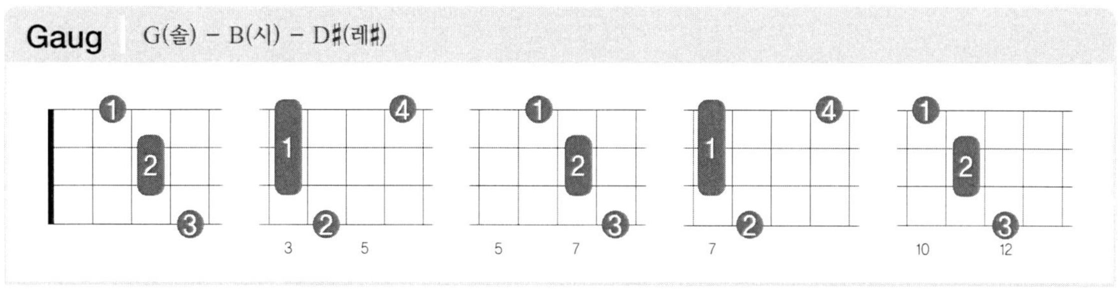

Gadd9 | G(솔) – B(시) – D(레) – A(라)

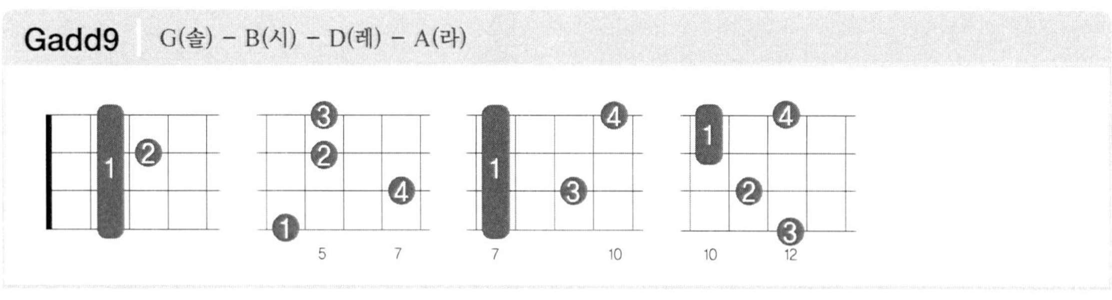

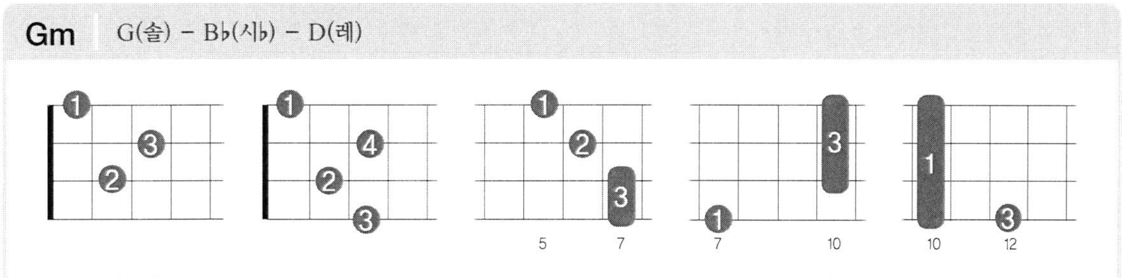

Gm
G(솔) – B♭(시♭) – D(레)
5 7
7 10
10 12

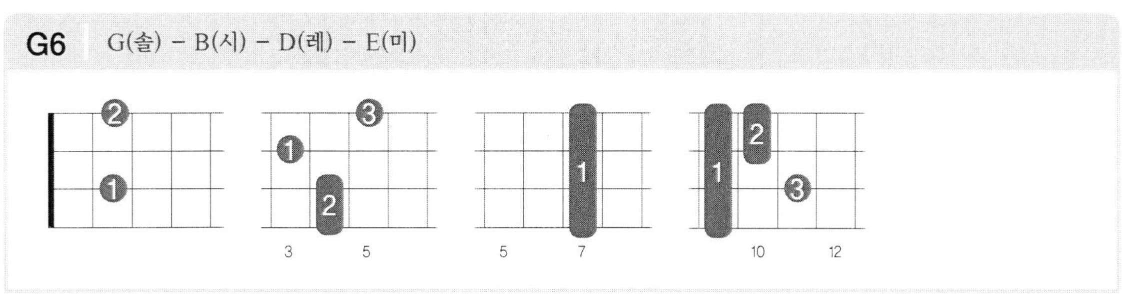

G6
G(솔) – B(시) – D(레) – E(미)
3 5
5 7
10 12

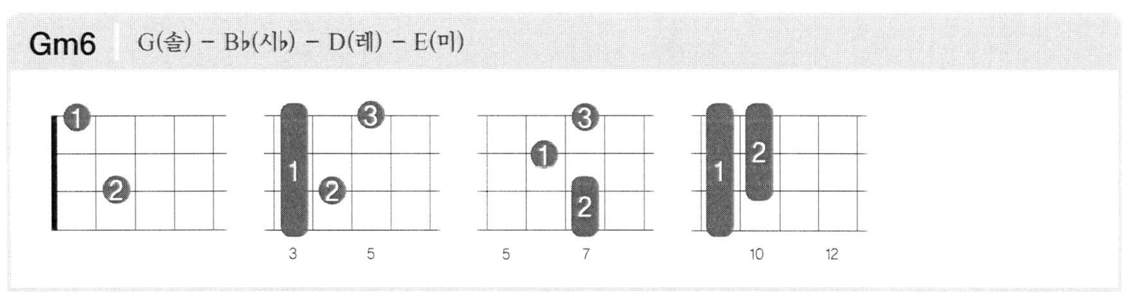

Gm6
G(솔) – B♭(시♭) – D(레) – E(미)
3 5
5 7
10 12

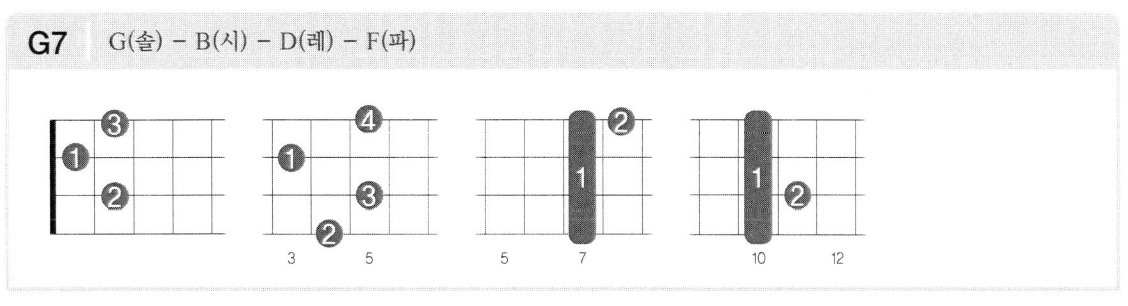

G7
G(솔) – B(시) – D(레) – F(파)
3 5
5 7
10 12

G

G7sus4　　G7(♭5)　G7(♯5)　　Gm7

G7sus4 | G(솔) – C(도) – D(레) – F(파)

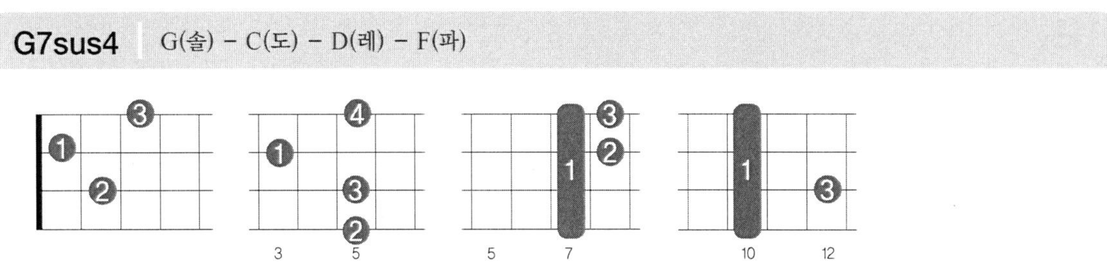

G7(♭5) | G(솔) – B(시) – D♭(레♭) – F(파)

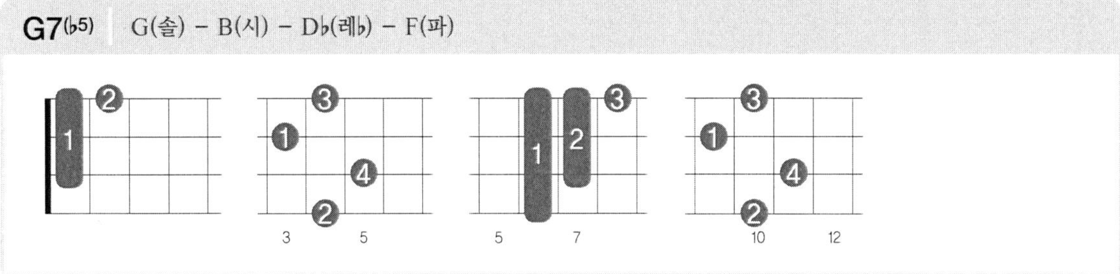

G7(♯5) | G(솔) – B(시) – D♯(레♯) – F(파)

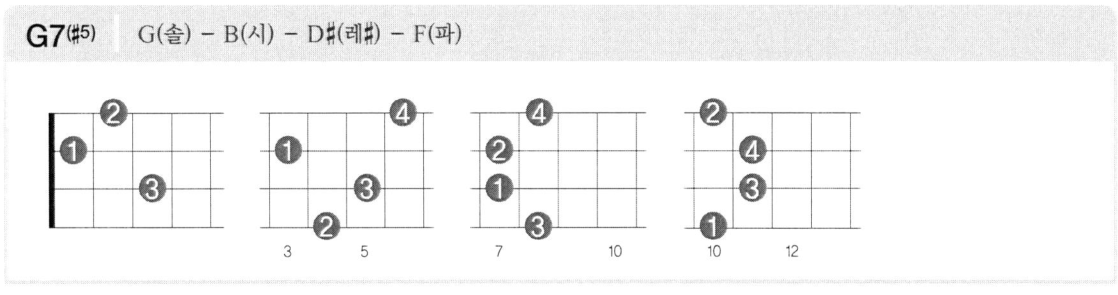

Gm7 | G(솔) – B♭(시♭) – D(레) – F(파)

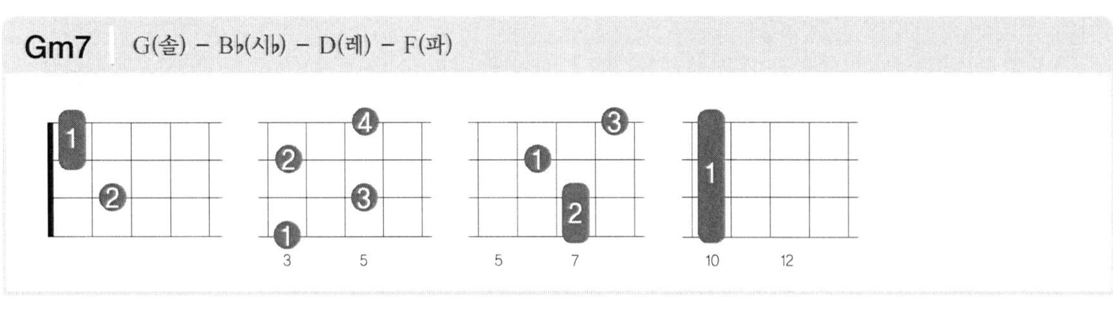

Gm7(♭5) G(솔) – B♭(시♭) – D♭(레♭) – F(파)

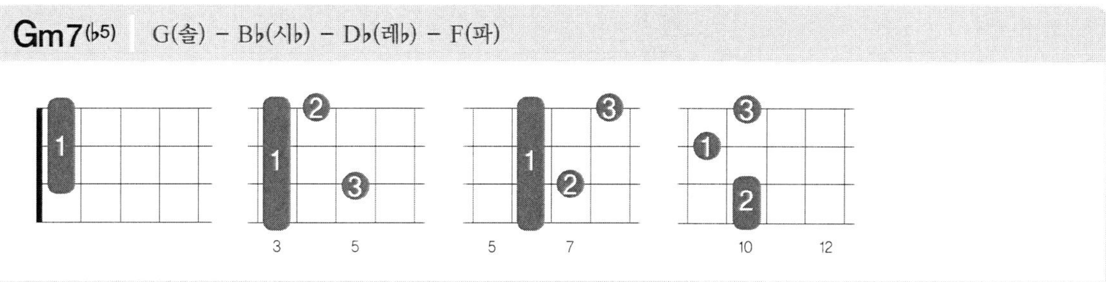

GM7 G(솔) – B(시) – D(레) – F♯(파♯)

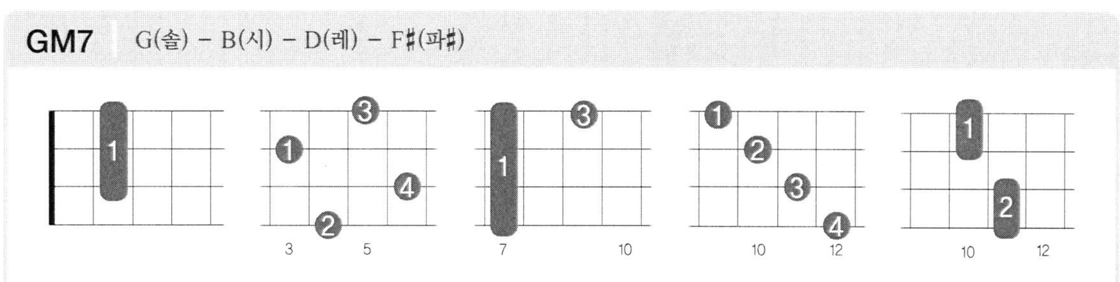

GmM7 G(솔) – B♭(시♭) – D(레) – F♯(파♯)

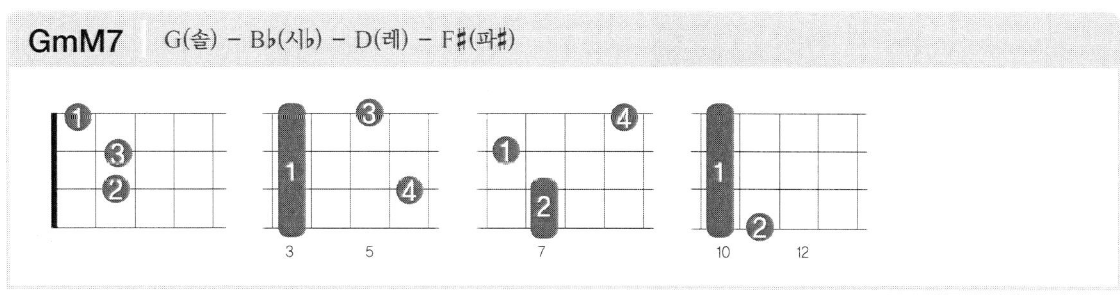

Gdim7 G(솔) – B♭(시♭) – D♭(레♭) – F♭(파♭)

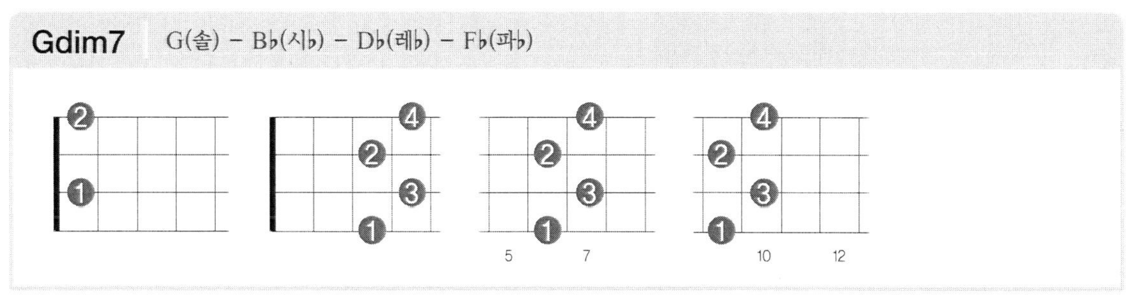

G# / Ab   G#(솔#) − B#(시#) − D#(레#) / Ab(라b) − C(도) − Eb(미b)

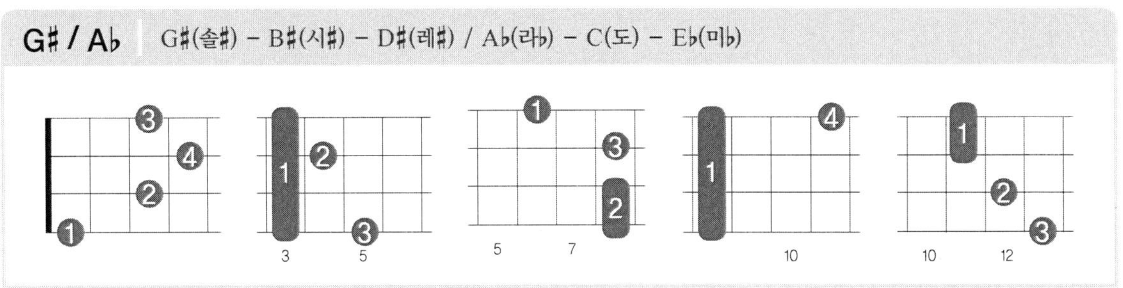

G#sus4 / Absus4   G#(솔#) − C#(도#) − D#(레#) / Ab(라b) − Db(레b) − Eb(미b)

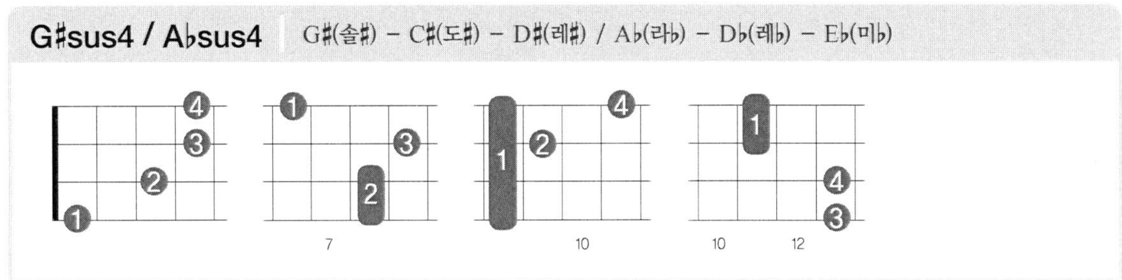

G#aug / Abaug   G#(솔#) − B#(시#) − D𝄪(레𝄪) / Ab(라b) − C(도) − E(미)

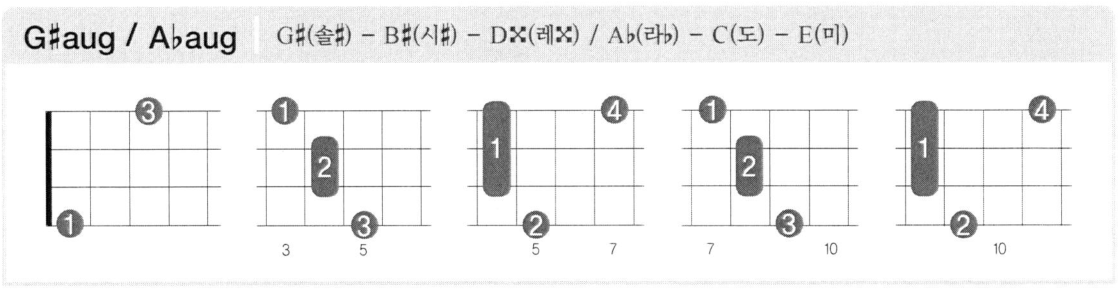

G#add9 / Abadd9   G#(솔#) − B#(시#) − D#(레#) − A#(라#) / Ab(라b) − C(도) − Eb(미b) − Bb(시b)

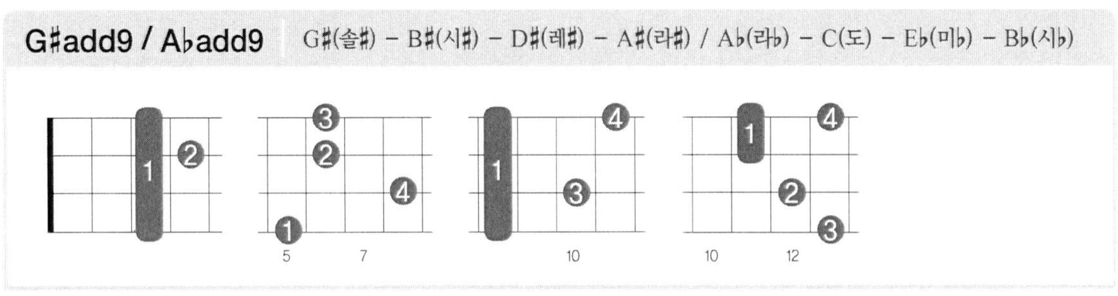

G♯m / A♭m   G♯(솔♯) – B(시) – D♯(레♯) / A♭(라♭) – C♭(도♭) – E♭(미♭)

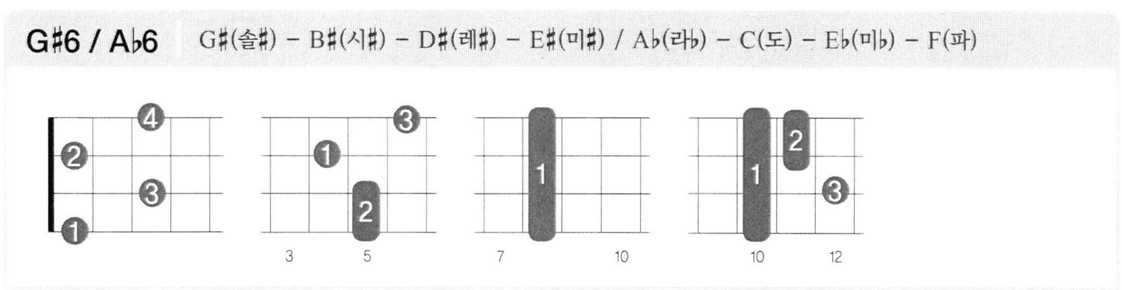

G♯6 / A♭6   G♯(솔♯) – B♯(시♯) – D♯(레♯) – E♯(미♯) / A♭(라♭) – C(도) – E♭(미♭) – F(파)

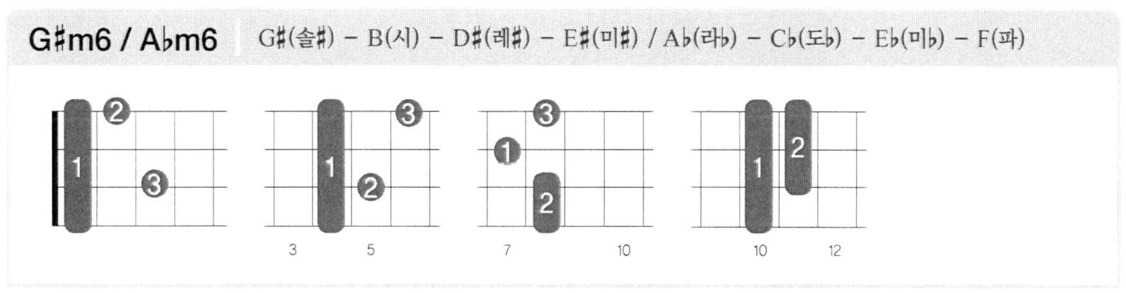

G♯m6 / A♭m6   G♯(솔♯) – B(시) – D♯(레♯) – E♯(미♯) / A♭(라♭) – C♭(도♭) – E♭(미♭) – F(파)

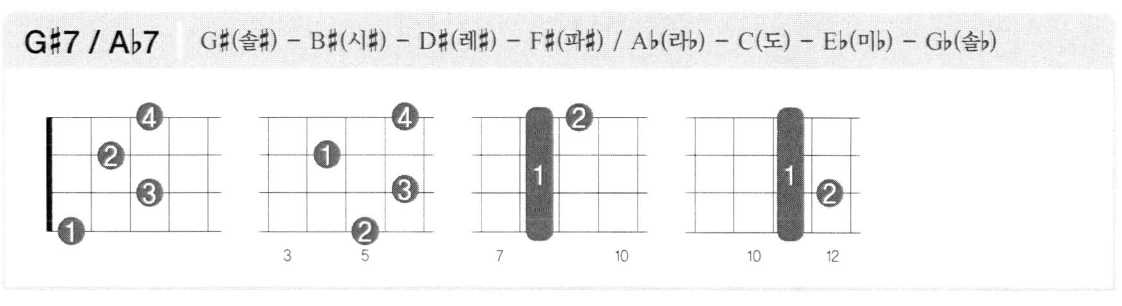

G♯7 / A♭7   G♯(솔♯) – B♯(시♯) – D♯(레♯) – F♯(파♯) / A♭(라♭) – C(도) – E♭(미♭) – G♭(솔♭)

49

G#7sus4 / A♭7sus4   G#7^(♭5) / A♭7^(♭5)   G#7^(#5) / A♭7^(#5)   G#m7 / A♭m7

G#7sus4 / A♭7sus4
G#(솔#) – C#(도#) – D#(레#) – F#(파#) / A♭(라♭) – D♭(레♭) – E♭(미♭) – G♭(솔♭)

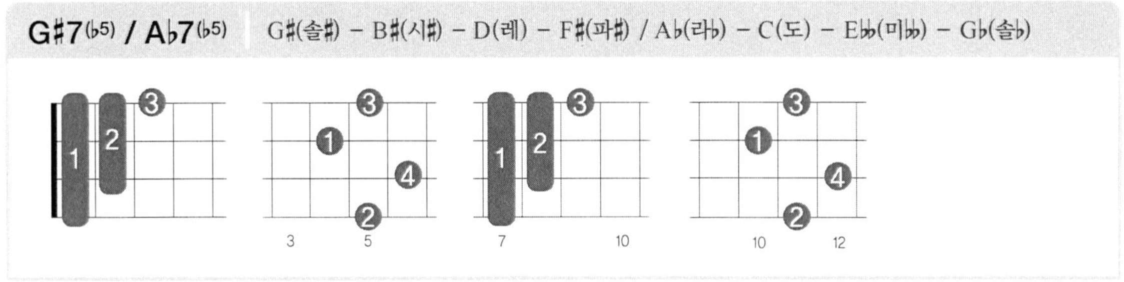

G#7^(♭5) / A♭7^(♭5)
G#(솔#) – B#(시#) – D(레) – F#(파#) / A♭(라♭) – C(도) – E♭♭(미♭♭) – G♭(솔♭)

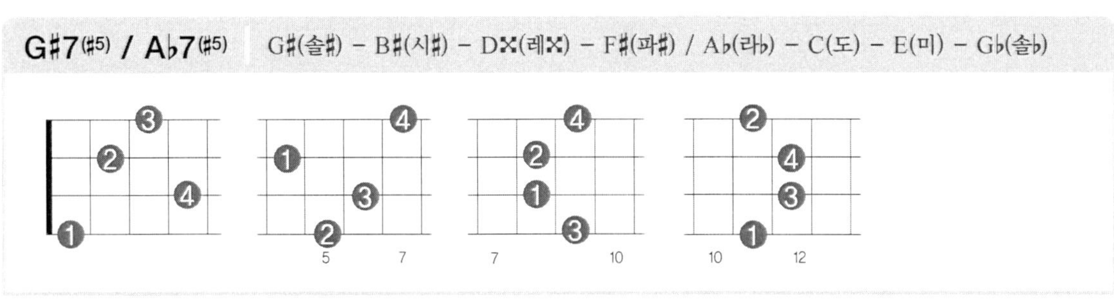

G#7^(#5) / A♭7^(#5)
G#(솔#) – B#(시#) – D✕(레✕) – F#(파#) / A♭(라♭) – C(도) – E(미) – G♭(솔♭)

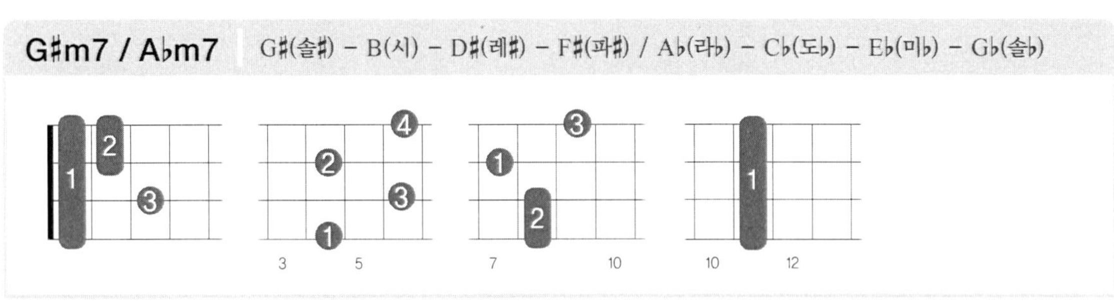

G#m7 / A♭m7
G#(솔#) – B(시) – D#(레#) – F#(파#) / A♭(라♭) – C♭(도♭) – E♭(미♭) – G♭(솔♭)

G#m7(b5) / A♭m7(b5)   G#(솔#) – B(시) – D(레) – F#(파#) / A♭(라♭) – C♭(도♭) – ♭♭(미♭♭) – G♭(솔♭)

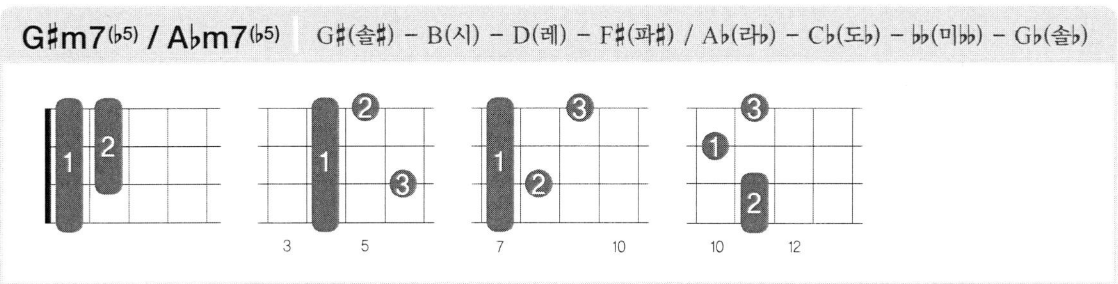

G#M7 / A♭M7   G#(솔#) – B#(시#) – D#(레#) – F✕(파✕) / A♭(라♭) – C(도) – E♭(미♭) – G(솔)

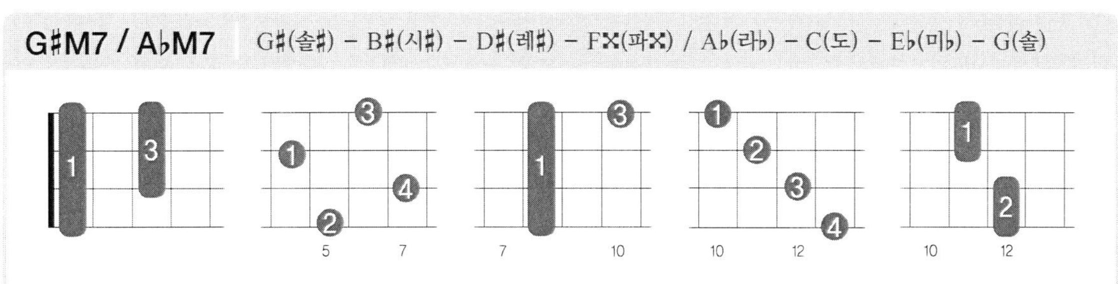

G#mM7 / A♭mM7   G#(솔#) – B(시) – D#(레#) – F✕(파✕) / A♭(라♭) – C♭(도♭) – E♭(미♭) – G(솔)

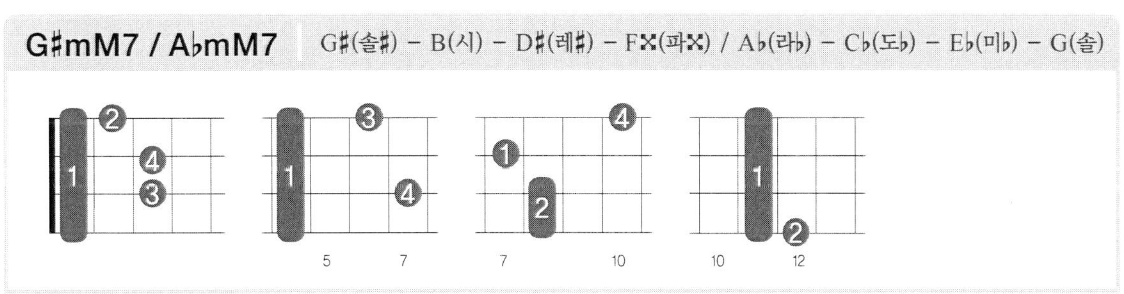

G#dim7 / A♭dim7   G#(솔#) – B(시) – D(레) – F(파) / A♭(라♭) – C♭(도♭) – E♭♭(미♭♭) – G♭♭(솔♭♭)

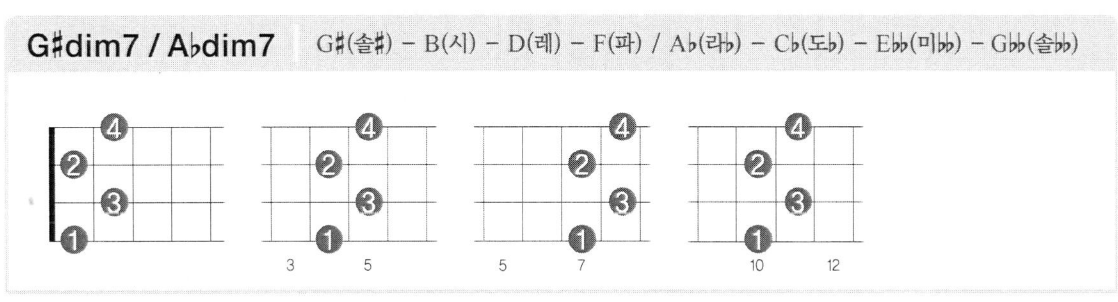

A | A(라) – C♯(도♯) – E(미)

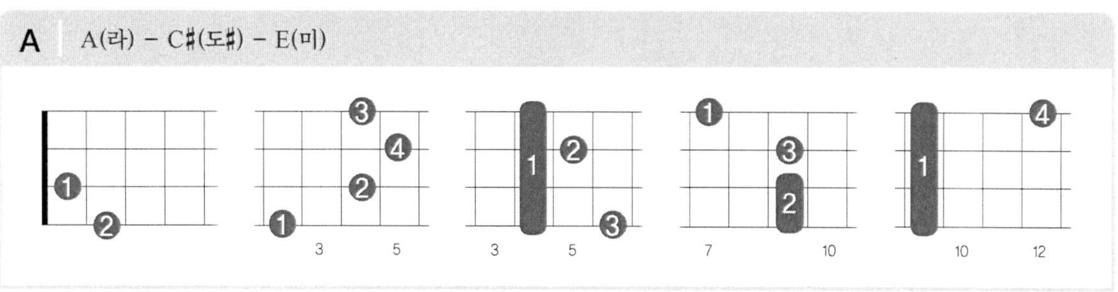

Asus4 | A(라) – D(레) – E(미)

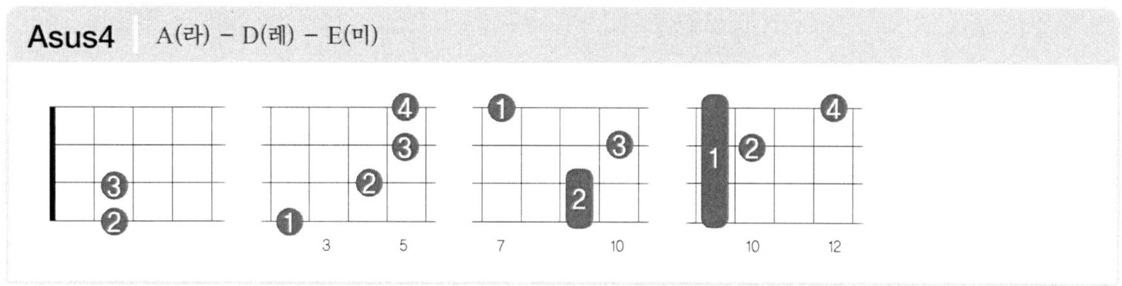

Aaug | A(라) – C♯(도♯) – E♯(미♯)

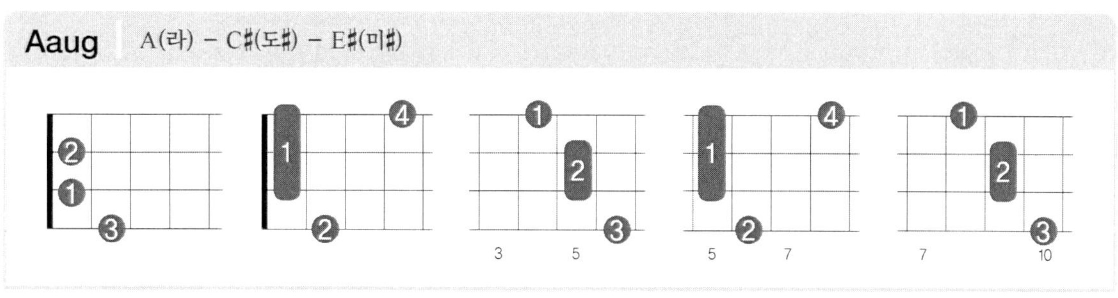

Aadd9 | A(라) – C♯(도♯) – E(미) – B(시)

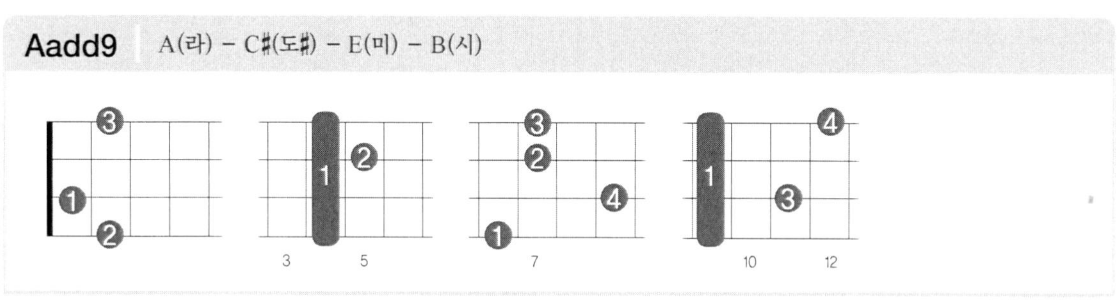

Am — A(라) – C(도) – E(미)

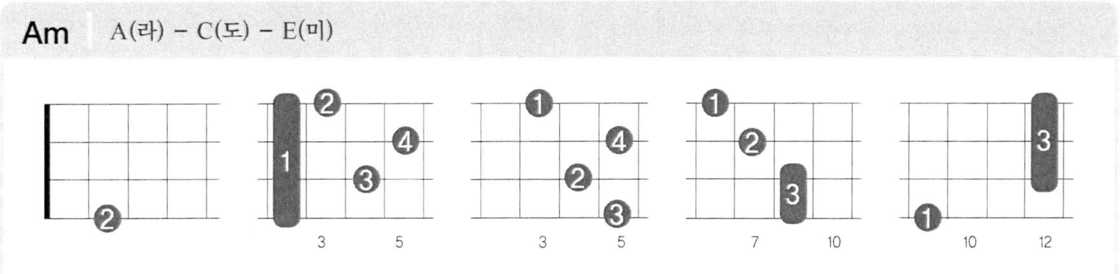

A6 — A(라) – C♯(도♯) – E(미) – F♯(파♯)

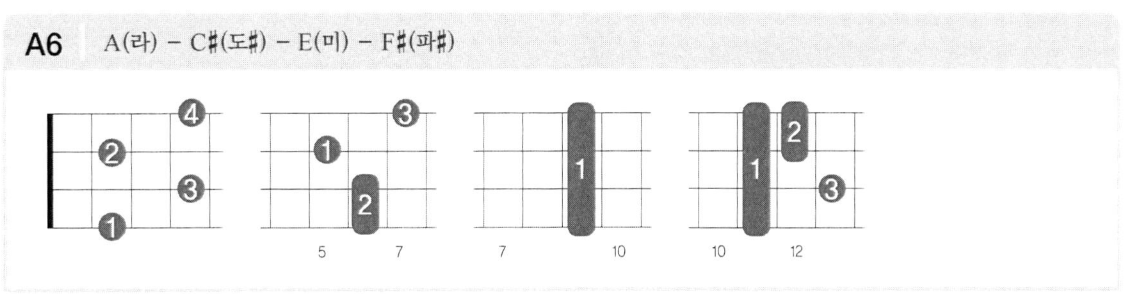

Am6 — A(라) – C(도) – E(미) – F♯(파♯)

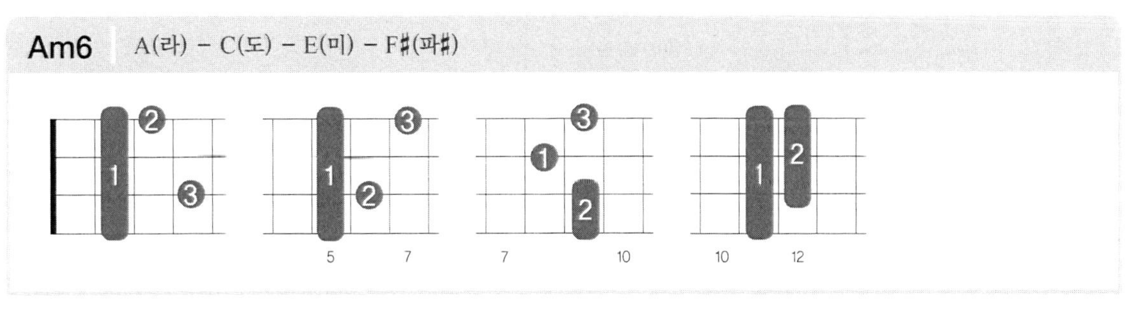

A7 — A(라) – C♯(도♯) – E(미) – G(솔)

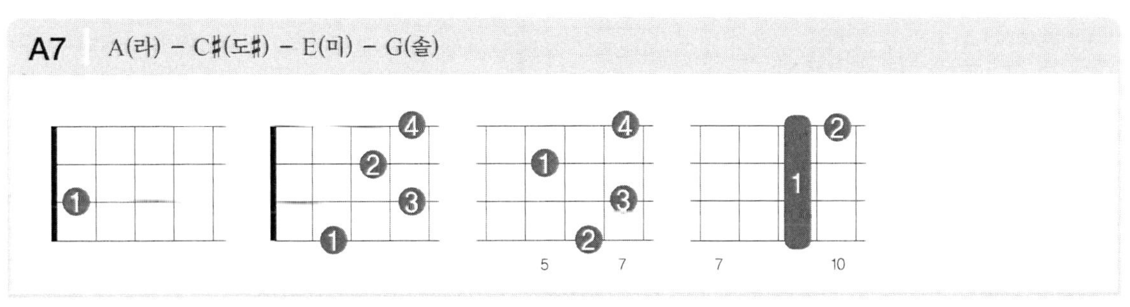

A

A7sus4　　A7⁽♭5⁾　　A7⁽♯5⁾　　Am7

A7sus4 | A(라) – D(레) – E(미) – G(솔)

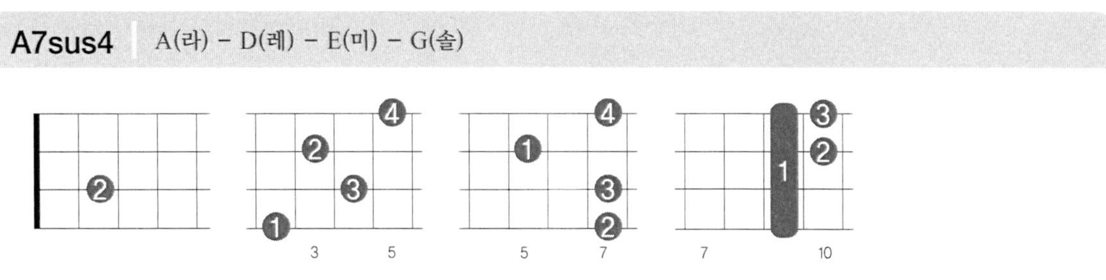

A7⁽♭5⁾ | A(라) – C♯(도♯) – E♭(미♭) – G(솔)

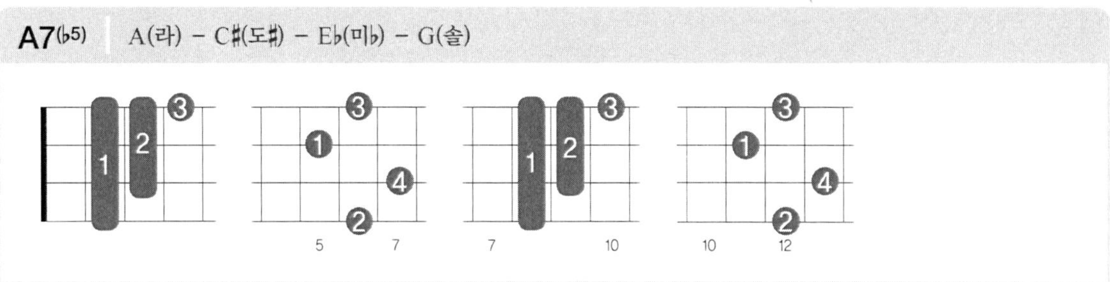

A7⁽♯5⁾ | A(라) – C♯(도♯) – E♯(미♯) – G(솔)

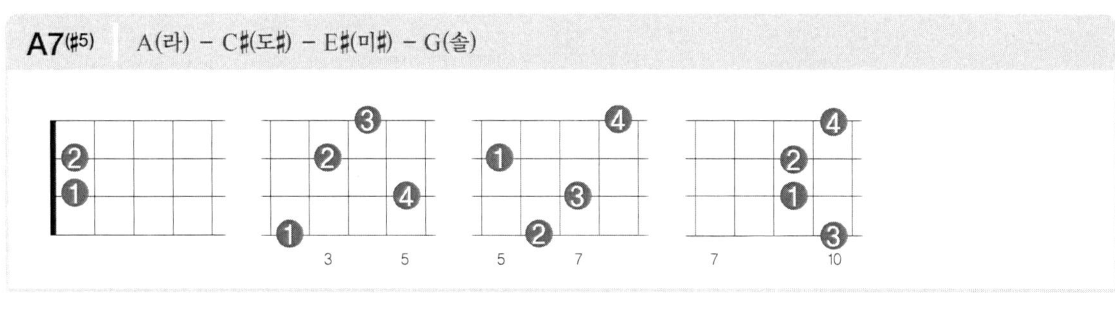

Am7 | A(라) – C(도) – E(미) – G(솔)

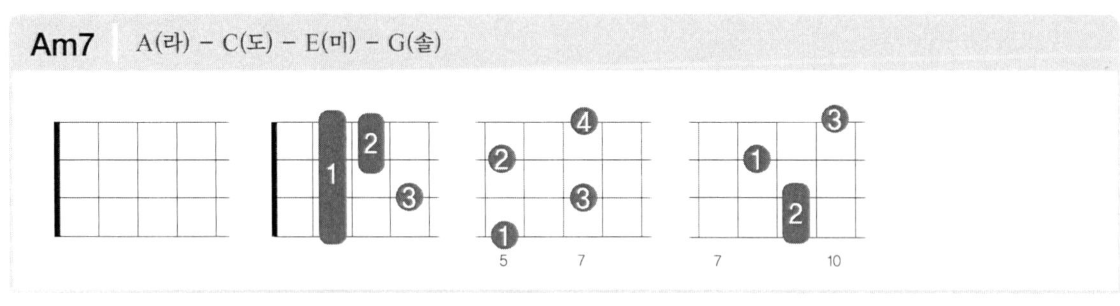

Am7(♭5)   AM7   AmM7   Adim7

Am7(♭5)　A(라) – C(도) – E♭(미♭) – G(솔)

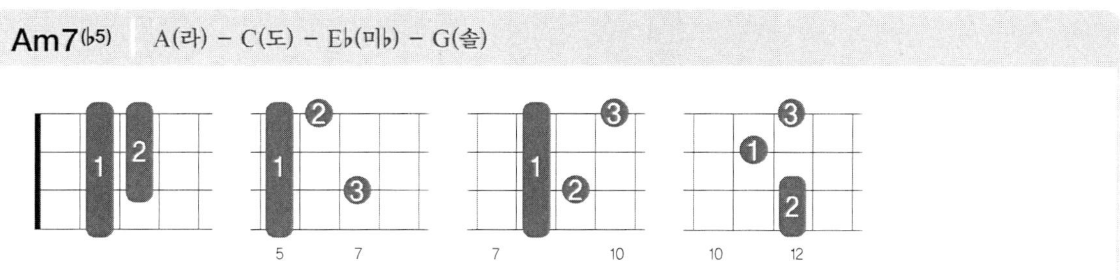

AM7　A(라) – C♯(도♯) – E(미) – G♯(솔♯)

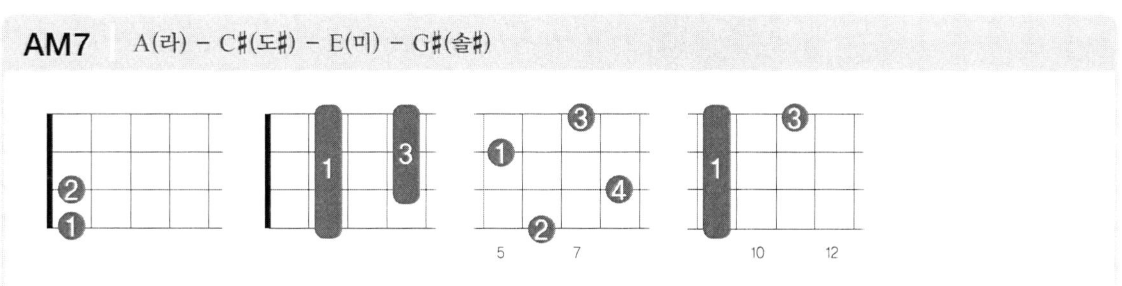

AmM7　A(라) – C(도) – E(미) – G♯(솔♯)

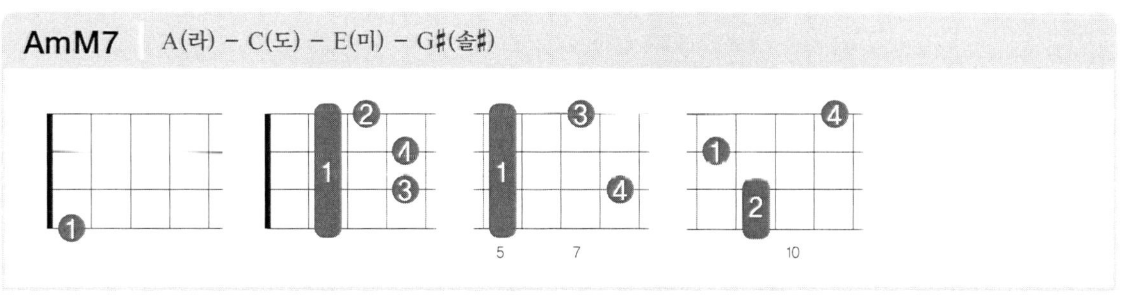

Adim7　A(라) – C(도) – E♭(미♭) – G♭(솔♭)

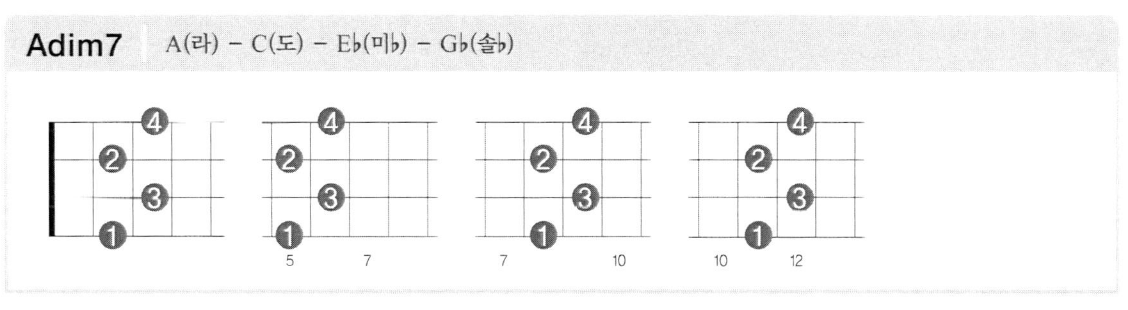

A♯ / B♭　A♯(라♯) – C✕(도✕) – E♯(미♯) / B♭(시♭) – D(레) – F(파)

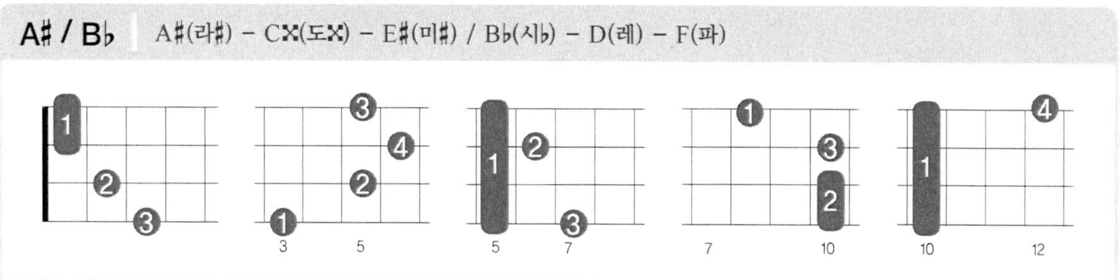

A♯sus4 / B♭sus4　A♯(라♯) – D♯(레♯) – E♯(미♯) / B♭(시♭) – E♭(미♭) – F(파)

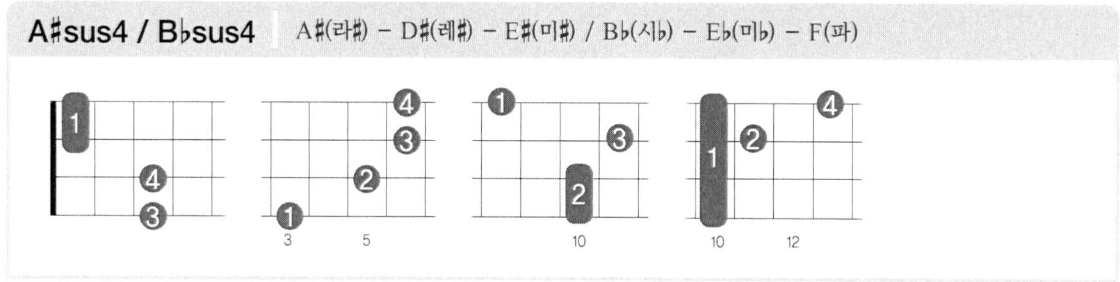

A♯aug / B♭aug　A♯(라♯) – C✕(도✕) – E✕(미✕) / B♭(시♭) – D(레) – F♯(파♯)

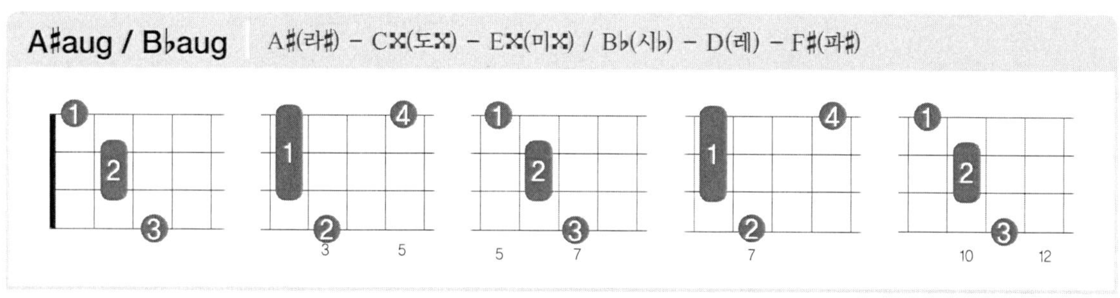

A♯add9 / B♭add9　A♯(라♯) – C✕(도✕) – E♯(미♯) – B♯(시♯) / B♭(시♭) – D(레) – F(파) – C(도)

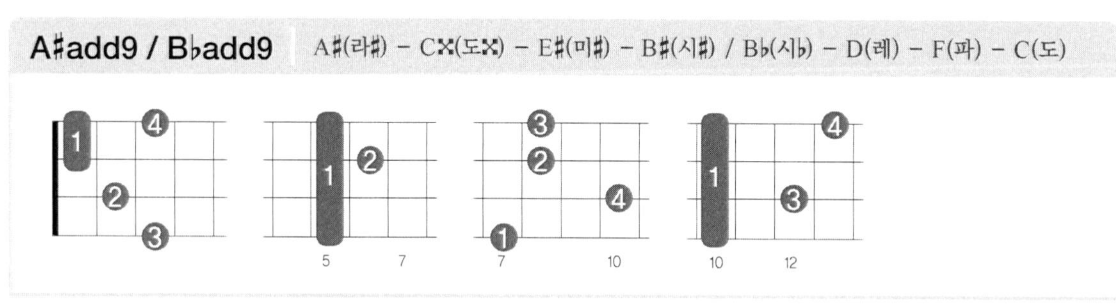

A#m / B♭m   A#(라#) – C#(도#) – E#(미#) / B♭(시♭) – D♭(레♭) – F(파)

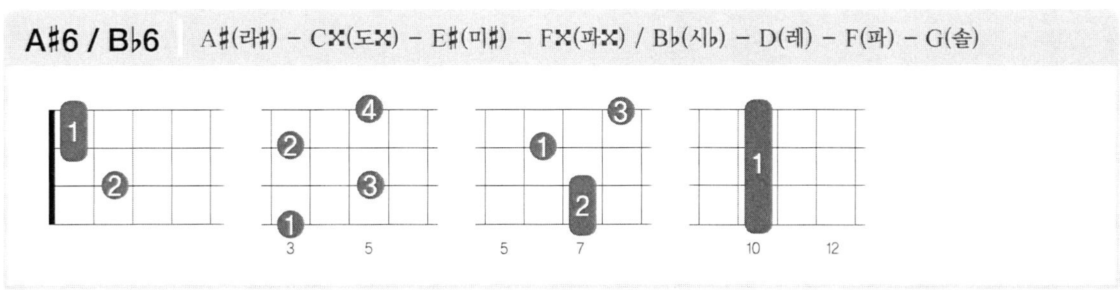

A#6 / B♭6   A#(라#) – C✕(도✕) – E#(미#) – F✕(파✕) / B♭(시♭) – D(레) – F(파) – G(솔)

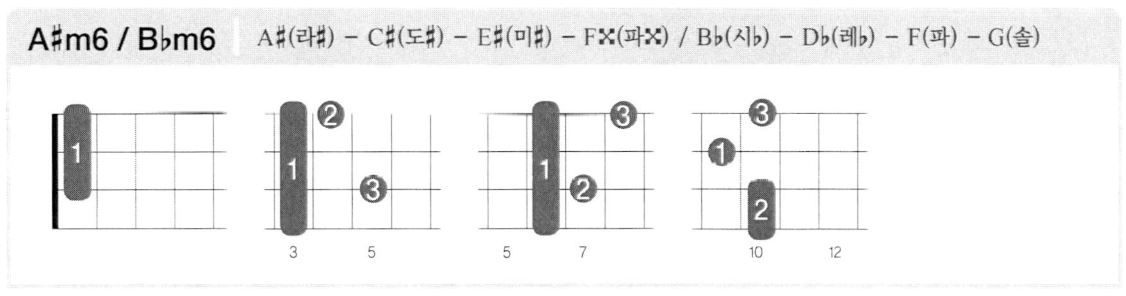

A#m6 / B♭m6   A#(라#) – C#(도#) – E#(미#) – F✕(파✕) / B♭(시♭) – D♭(레♭) – F(파) – G(솔)

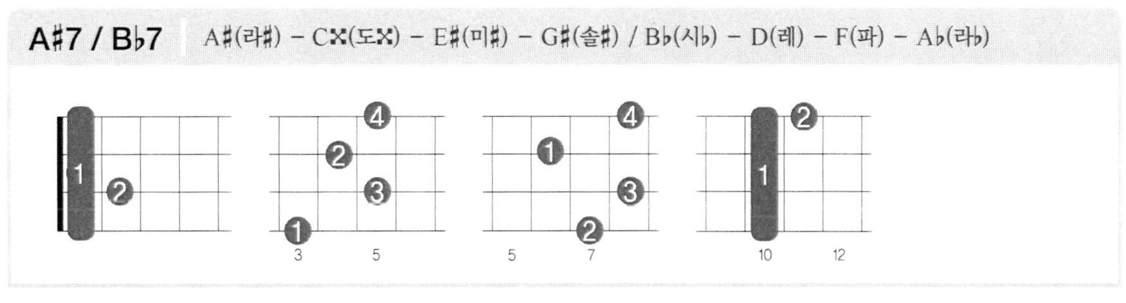

A#7 / B♭7   A#(라#) – C✕(도✕) – E#(미#) – G#(솔#) / B♭(시♭) – D(레) – F(파) – A♭(라♭)

A♯ / B♭

A♯7sus4 / B♭7sus4   A♯7(♭5) / B♭7(♭5)   A♯7(♯5) / B♭7(♯5)   A♯m7 / B♭m7

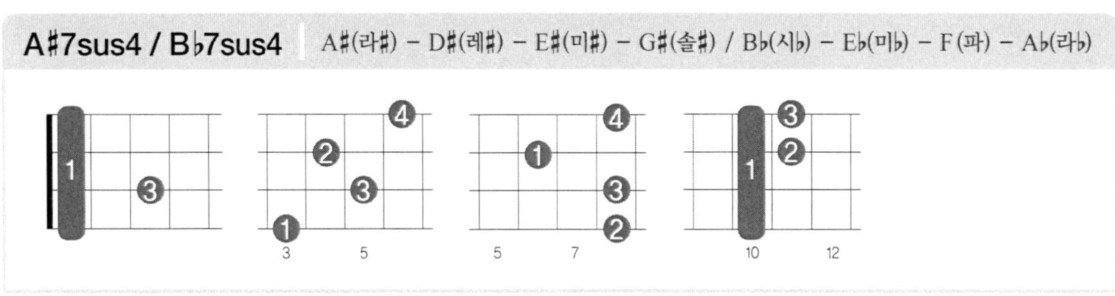

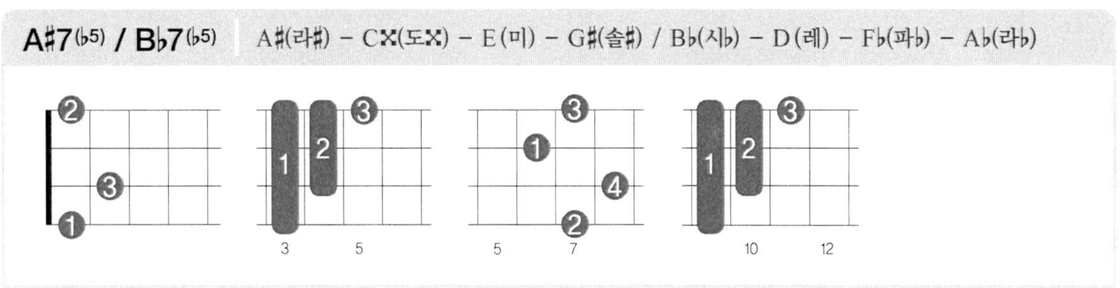

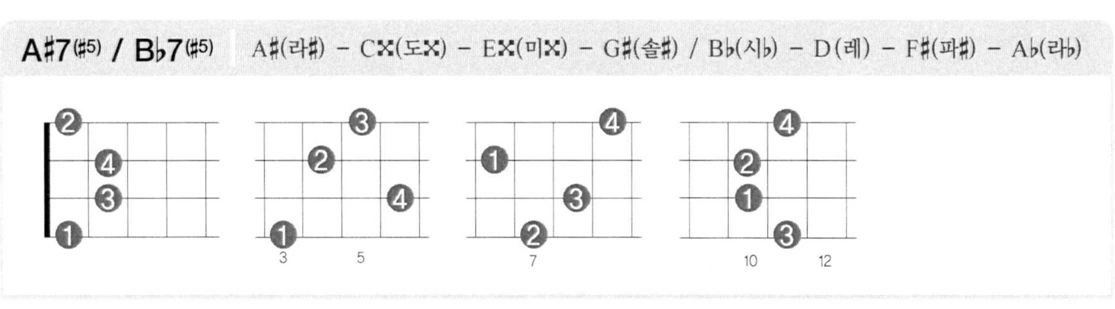

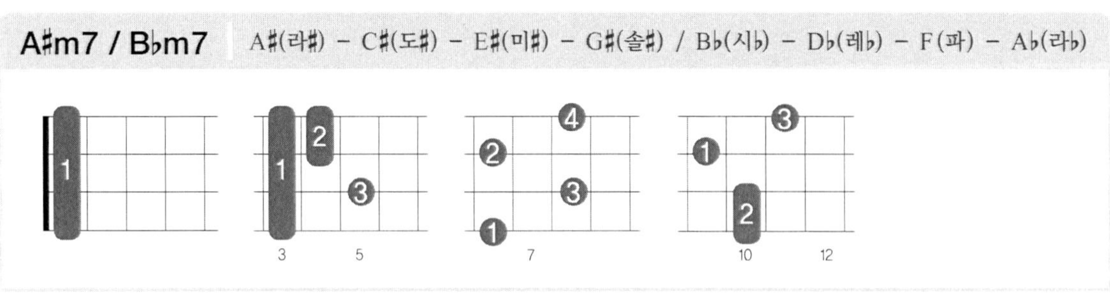

A#m7(♭5) / B♭m7(♭5)　A#(라#) – C#(도#) – E(미) – G#(솔#) / B♭(시♭) – D♭(레♭) – F♭(파♭) – A♭(라♭)

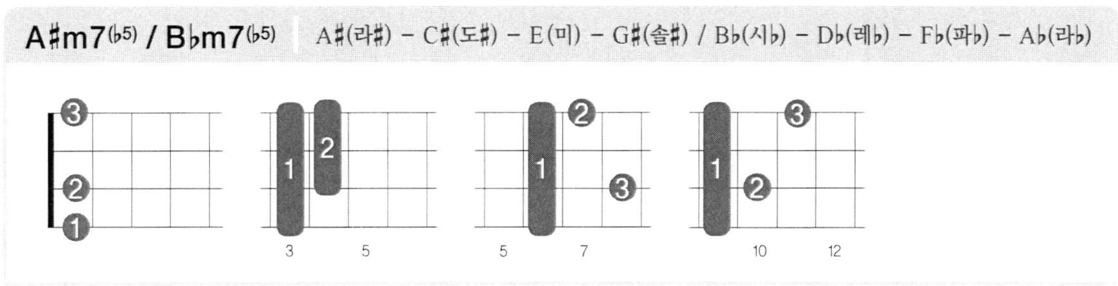

A#M7 / B♭M7　A#(라#) – C𝄪(도𝄪) – E#(미#) – G𝄪(솔𝄪) / B♭(시♭) – D(레) – F(파) – A(라)

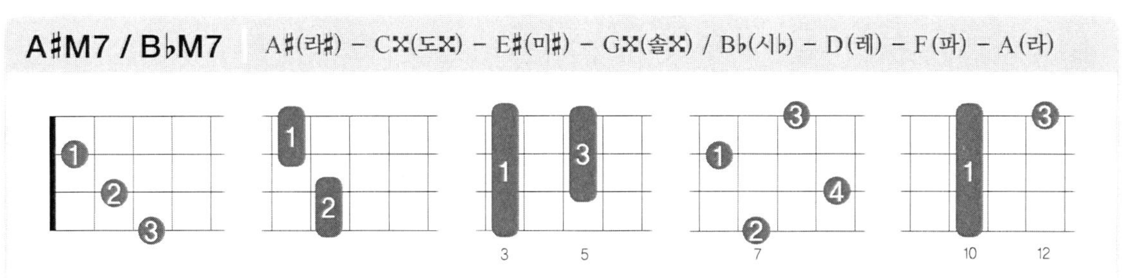

A#mM7 / B♭mM7　A#(라#) – C#(도#) – E#(미#) – G𝄪(솔𝄪) / B♭(시♭) – D♭(레♭) – F(파) – A(라)

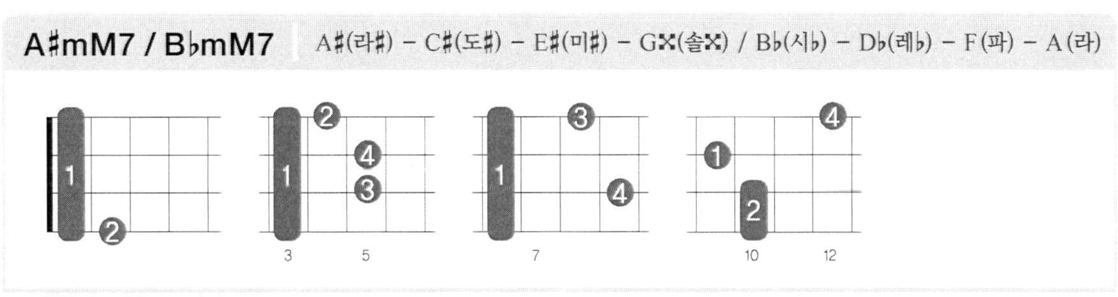

A#dim7 / B♭dim7　A#(라#) – C#(도#) – E(미) – G(솔) / B♭(시♭) – D♭(레♭) – F♭(파♭) – A♭♭(라♭♭)

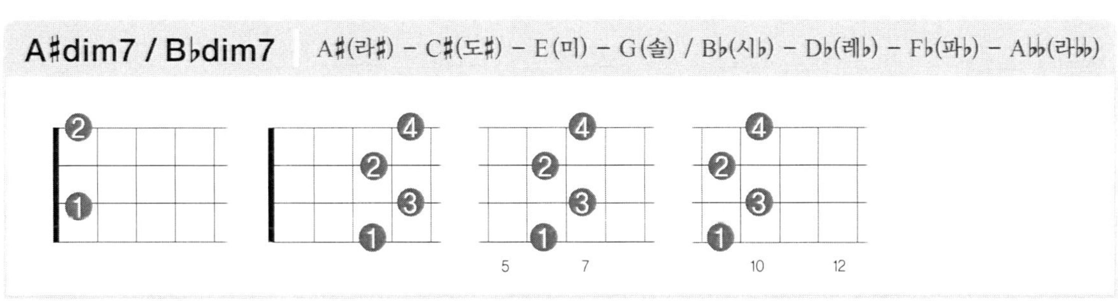

B   Bsus4   Baug   Badd9

B | B(시) – D♯(레♯) – F♯(파♯)

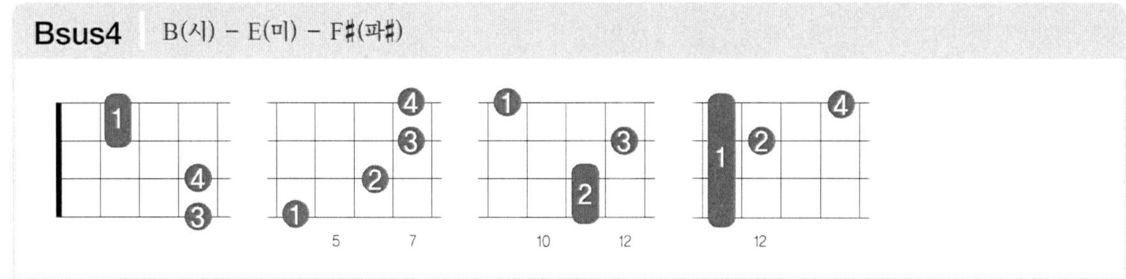

Bsus4 | B(시) – E(미) – F♯(파♯)

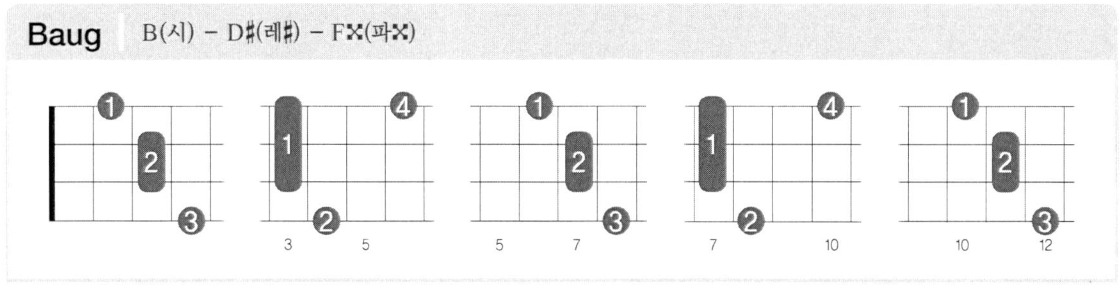

Baug | B(시) – D♯(레♯) – F𝄪(파𝄪)

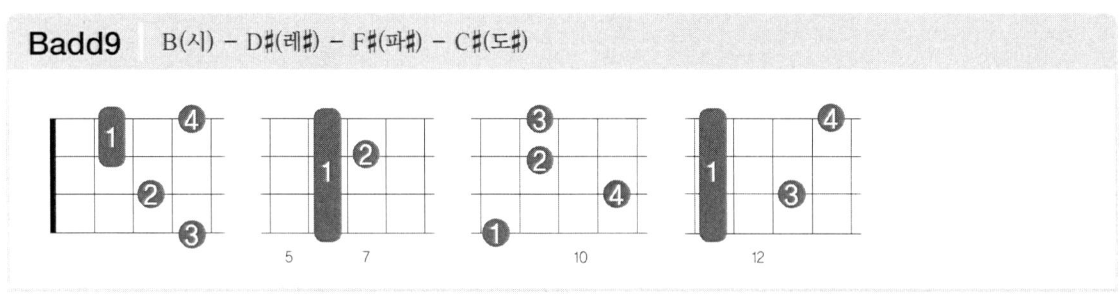

Badd9 | B(시) – D♯(레♯) – F♯(파♯) – C♯(도♯)

Bm B(시) – D(레) – F♯(파♯)

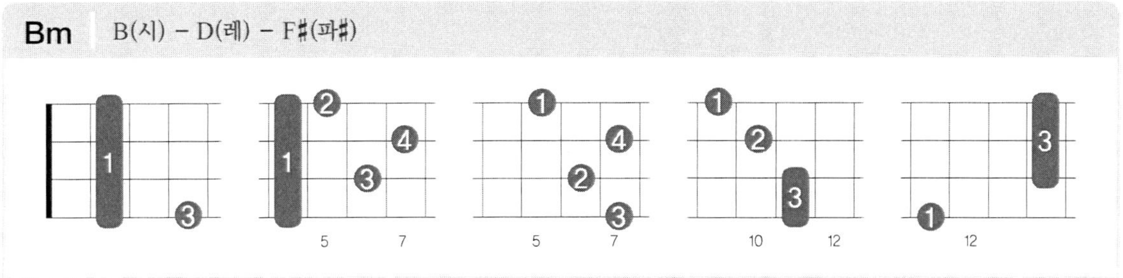

B6 B(시) – D♯(레♯) – F♯(파♯) – G♯(솔♯)

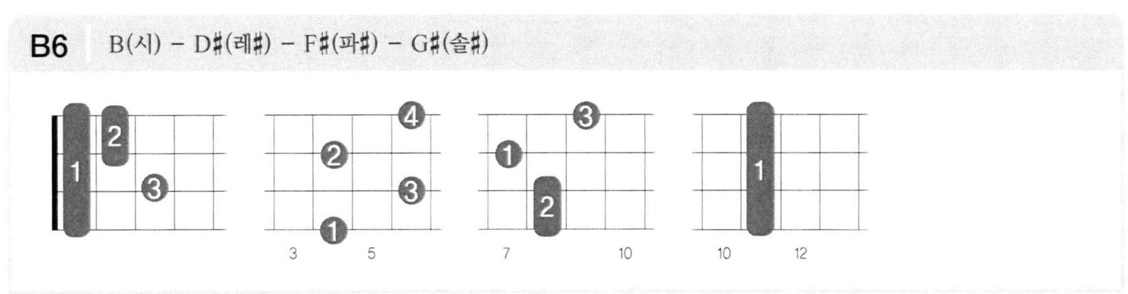

Bm6 B(시) – D(레) – F♯(파♯) – G♯(솔♯)

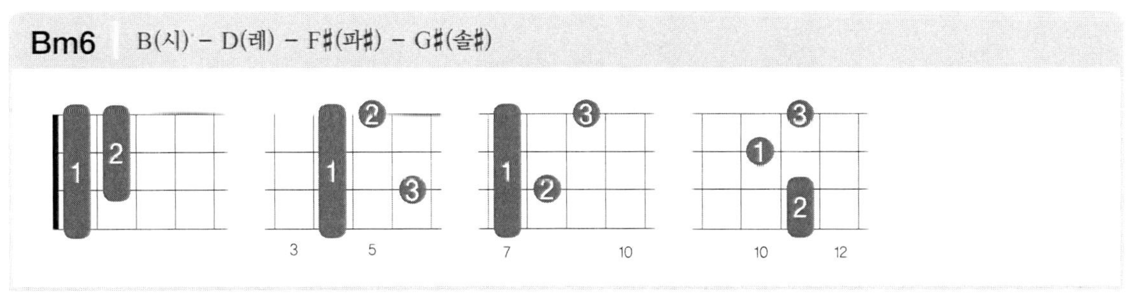

B7 B(시) – D♯(레♯) – F♯(파♯) – A(라)

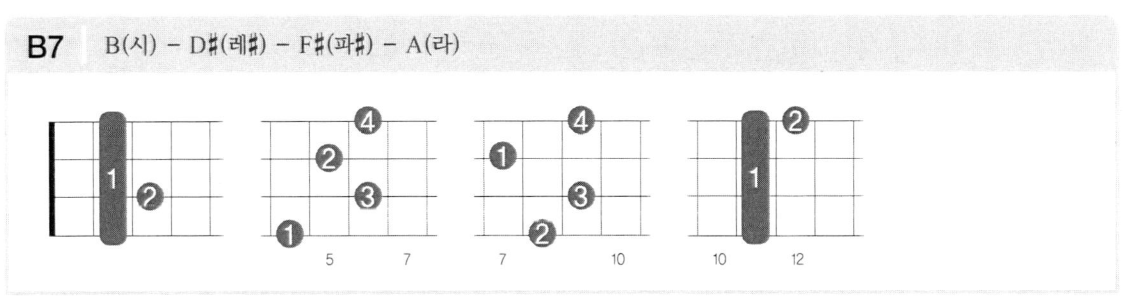

B7sus4   B(시) − E(미) − F♯(파♯) − A(라)

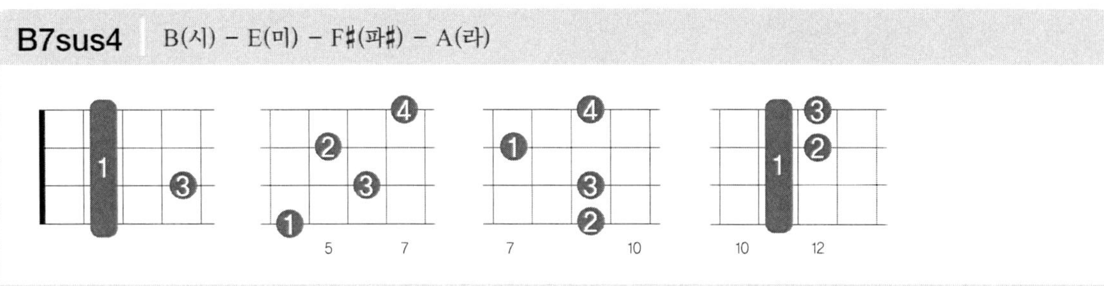

B7(♭5)   B(시) − D♯(레♯) − F(파) − A(라)

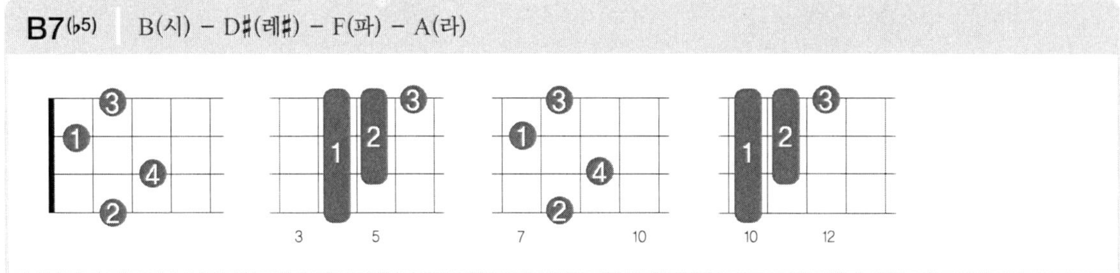

B7(♯5)   B(시) − D♯(레♯) − F𝄪(파𝄪) − A(라)

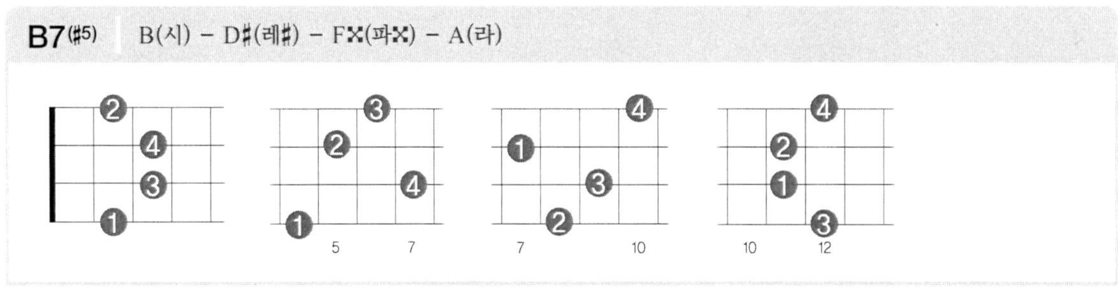

Bm7   B(시) − D(레) − F♯(파♯) − A(라)

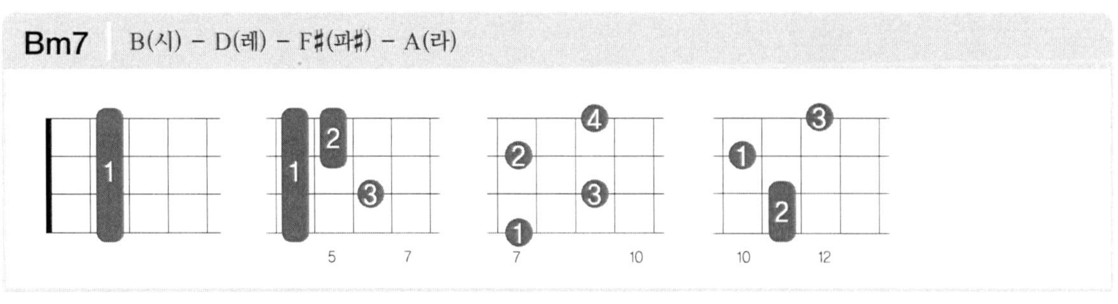

Bm7⁽♭⁵⁾   BM7   BmM7   Bdim7

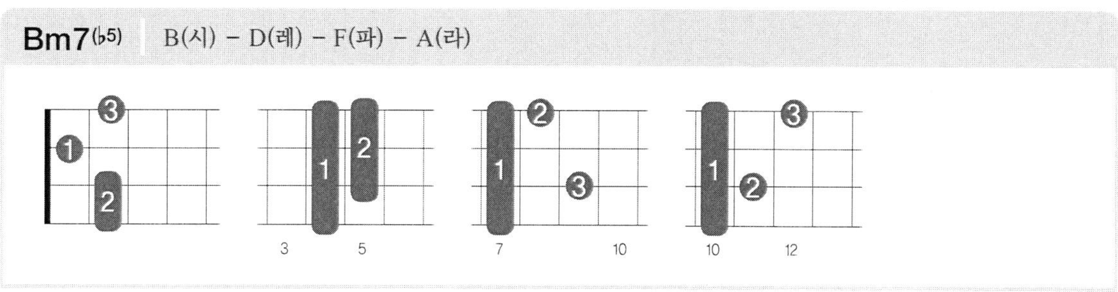

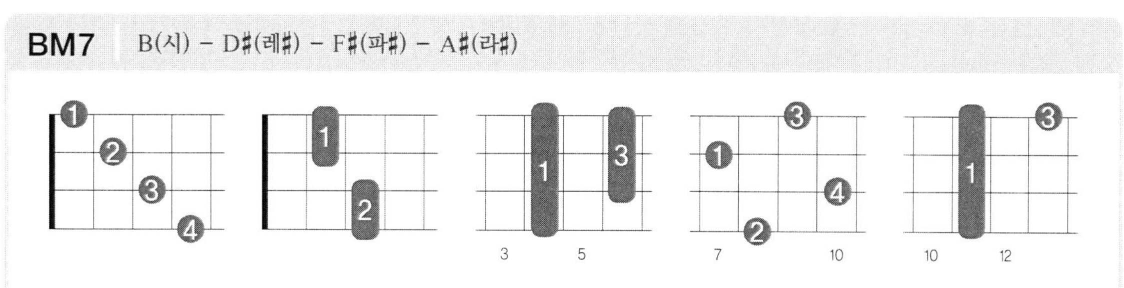

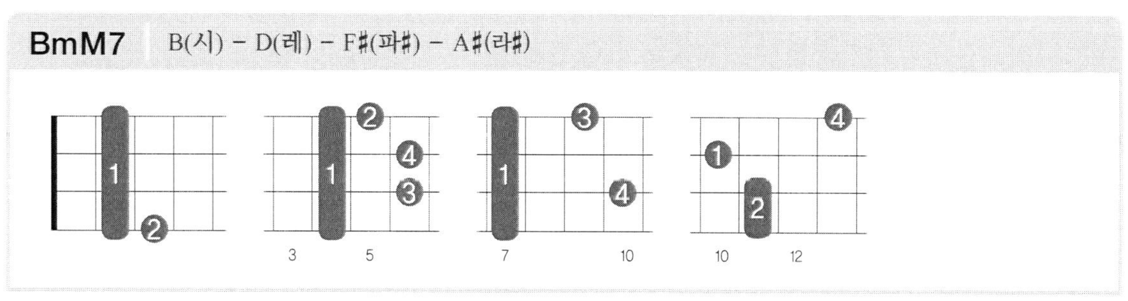

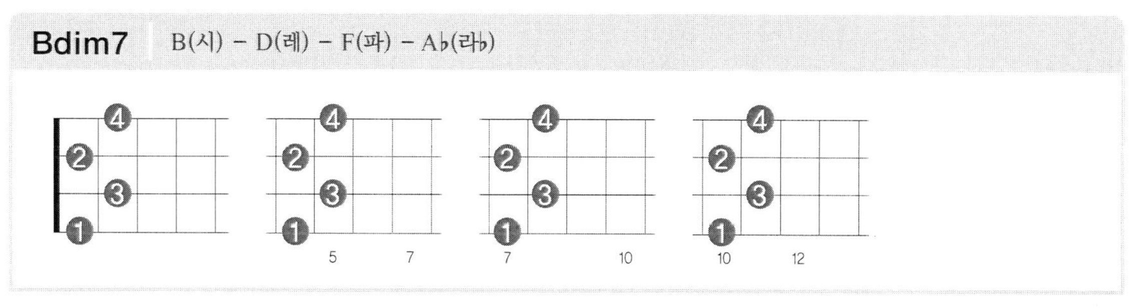

192개 코드 817개 코드폼 수록!

우쿨렐레 코드북

발행일 2014년 12월 1일
저자 최민석

편집진행 유경아 · **디자인** 방상호(표지), 이기숙(내지)
마케팅 현석호, 신창식 · **관리** 남영애, 김명희

발행처 스코어
발행인 정상우
출판등록 2012년 6월 7일 제 313-2012-196호
주소 서울시 은평구 증산로 9길 32 (03496)
전화 02)333-3705 · **팩스** 02)333-3748

ISBN 978-89-98522-88-9-13670